DICTIONNAIRE
DES GLOIRES DU PANTHÉON

1re réimpression : mai 2007 ; 2e réimpression, revue et augmentée : juin 2011

Nouvelle édition : décembre 2014
ISBN : 978-2-7577-0374-8
ISSN : 1277-7889

DICTIONNAIRE DES GLOIRES DU PANTHÉON

Jean-François Decraene

ÉDITIONS DU PATRIMOINE
CENTRE DES MONUMENTS NATIONAUX

L'auteur remercie les administrateurs du Panthéon, sans l'appui et les encouragements desquels cet ouvrage n'aurait jamais vu le jour, ainsi que l'ensemble du personnel, pour sa gentillesse, sa courtoisie et son enthousiasme à transmettre une passion commune pour cet édifice ; il remercie également les documentalistes du Centre des monuments nationaux, pour leur rigueur, leurs connaissances et leur professionnalisme à conduire le chercheur dans les dédales des arcanes administratifs.

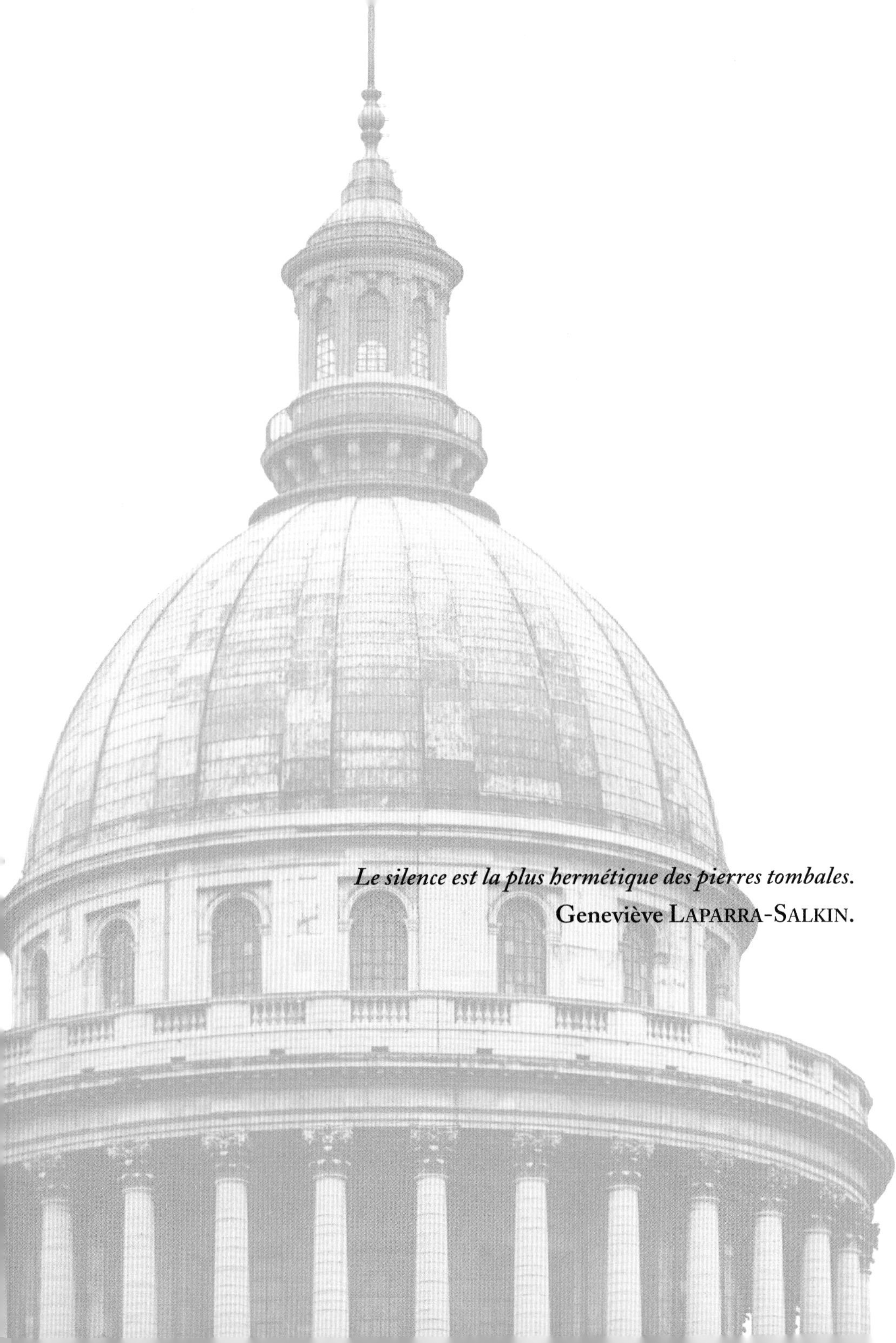

Le silence est la plus hermétique des pierres tombales.

Geneviève Laparra-Salkin.

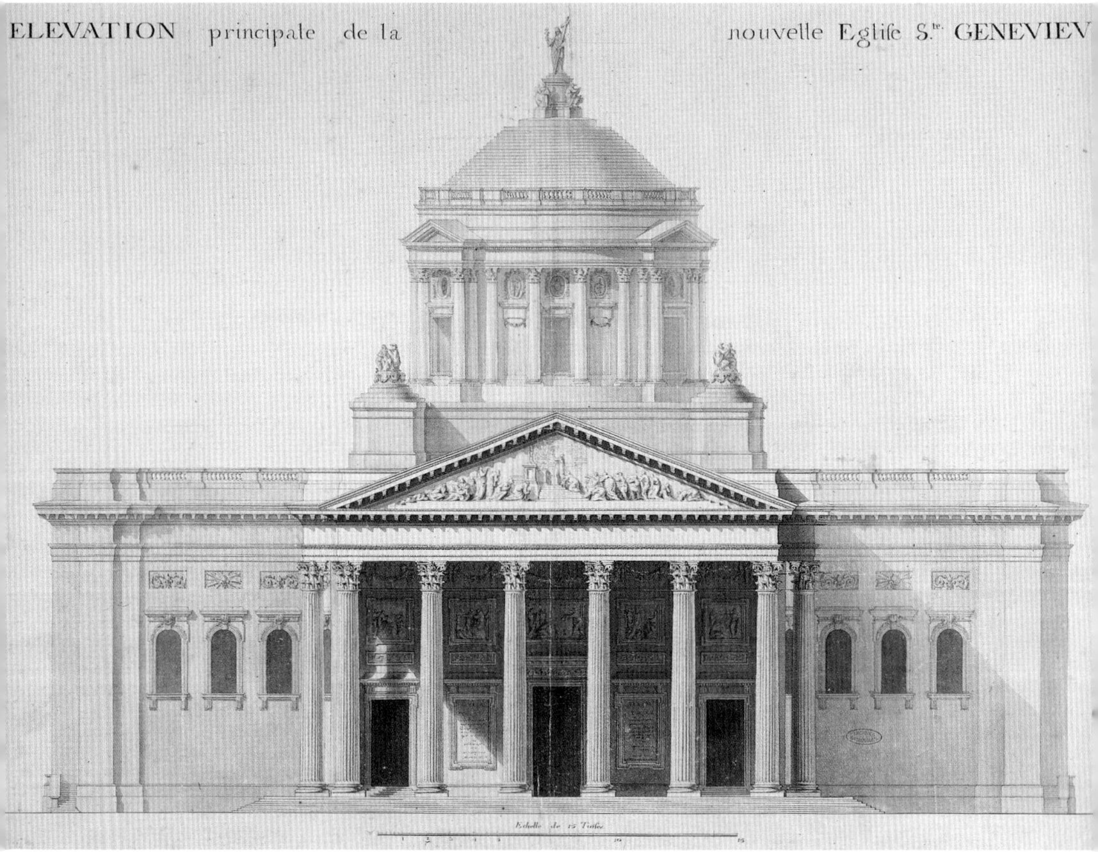

Élévation principale de la nouvelle église Sainte-Geneviève,
dessin de Jacques Germain Soufflot, après 1764.

La nouvelle basilique Sainte-Geneviève, vœu de Louis XV

La construction du bâtiment commence en 1757, à la suite d'un vœu fait en 1744 par Louis XV inspectant ses troupes, pendant la guerre de Succession d'Autriche.

Le roi contrôle les fortifications de la ville de Metz par une chaleur étouffante. Le lendemain, c'est un prince abattu par la fièvre qui se présente à ses sujets. Profitant de la faiblesse du souverain, son confesseur Fitz-James exige, pour lui prodiguer les derniers sacrements, une confession publique dans laquelle Louis XV doit se déclarer indigne du nom de « Roi Très-Chrétien ». La contrition exige la promesse supplémentaire de construire un sanctuaire voué à la patronne de Paris, sainte Geneviève, en remplacement de l'église du couvent des génovéfains, devenue trop petite. Guéri, le roi « miraculé » fait une entrée triomphale à Paris.

Plusieurs projets architecturaux entrent en compétition. Les plans de Jacques Germain Soufflot, qui « *voulait réunir sous une des plus belles formes la légèreté de la construction des édifices gothiques avec la pureté et la magnificence de l'architecture grecque*[1] », sont retenus, malgré les cabales conduites par l'architecte Pierre Patte, qui prévoit l'effondrement du dôme.

Les caisses de l'État sont vides. Il faut le produit de trois loteries pour financer la construction. Le jeu, affermé à Casanova, rapporte annuellement 400 000 livres pour contribuer à la réalisation de la promesse royale.

L'église Sainte-Geneviève est construite de 1764 à 1780 par Jacques Germain Soufflot, puis terminée par Maximilien Brébion et Jean-Baptiste Rondelet en 1790. Les difficultés techniques, la nature du terrain, le poids des structures, les aléas du financement ralentissent l'avancement des travaux titanesques. Disparaissant le 10 mai 1774, le roi n'en verra jamais l'aboutissement. Comme souvent pour ce type d'architecture, le métal est utilisé en association avec la pierre pour renforcer l'édifice qui devra supporter le poids d'un dôme de 17 000 tonnes. En 1884, le poids est alors estimé à 10 865 954 kg[2].

1. Michael Petzet, *Soufflots Sainte-Geneviève und der französische Kirchenbau des 18. Jarhunderts*, Berlin, De Gruyter, 1961.

2. Abbé Vidieu, *Sainte Geneviève, patronne de Paris*, Paris, Firmin-Didot, 1884.

N. B. Les astérisques renvoient à la notice biographique concernée. Dans les notices, la date mentionnée en tête d'article se rapporte à celle de la panthéonisation ou de l'inhumation de la personnalité considérée. Les prénoms usuels des personnages sont indiqués en *italique*.

Projet de groupe allégorique de l'époque révolutionnaire illustrant « la Patrie »,
aquatinte d'Antoine Chrysostome Quatremère de Quincy, 1793.

Le Panthéon révolutionnaire (1791-1801)

Depuis la prise de la Bastille, l'idée de la construction d'un lieu funéraire pérennisant la gloire des hommes martyrs de la défense de la liberté animait l'esprit des députés, imprégné de la pensée et des symboles antiques. L'église Sainte-Geneviève, en cours de finition, sans consécration religieuse ni affectation paroissiale, est un monument vide offert aux appétits de sanctification laïque des représentants du peuple.

La disparition brutale du plus populaire de ses tribuns, Mirabeau*, donne à l'Assemblée constituante l'occasion de délibérer sur la nécessité de créer une nécropole nationale réservée au culte des hommes illustres, exemples des vertus civiques. Les dispositions sont adoptées par le décret du 4 avril 1791, transformant l'église Sainte-Geneviève en « *temple de la patrie* ». À l'imitation des Anciens, la Révolution affecte la future église, devenue le Panthéon français, à l'inhumation des plus vertueux de ses citoyens. Le caractère religieux de la construction classique convient parfaitement à la spiritualité humaniste des élus de la nation. Un nouveau culte s'instaure : celui des vertus civiques issues de la seule pensée humaine et mises au service de l'homme « naturel » cher aux philosophes du siècle des Lumières. Les

Cérémonie de translation des cendres de Jean-Jacques Rousseau au Panthéon, dessin d'Abraham Girardet, 1794.

martyrs de la nation, par des pratiques inspirées de l'Antiquité, seront honorés dans le temple consacré à l'idéal de vertu, tout entier contenu dans la devise qui s'inscrit aux frontons des édifices publics, sur les assignats, dans les plis des drapeaux : *La Liberté ou la mort !*

L'Assemblée confie à Antoine Chrysostome Quatremère de Quincy, architecte et député, le soin de modifier la structure et la décoration pour adapter l'édifice à sa nouvelle fonction. On efface toute trace ecclésiastique, transformant ainsi le sanctuaire en panthéon civique parsemé de bustes, de statues, d'effigies des grands hommes de la Révolution. Chacune des nefs est consacrée respectivement à la philosophie, aux vertus civiques, aux arts, aux sciences.

La phrase proposée par le marquis de Pastoret, président de séance ce jour-là : « *Aux grands hommes, la patrie reconnaissante* », apparaîtra et disparaîtra en fonction des fluctuations des régimes politiques et de l'opinion, et ne trouvera sa place définitive, inscrite en lettres d'or, qu'en 1837.

Après l'expulsion de Marat*, Mattieu, député thermidorien à la Convention, termine son discours par : « *Les honneurs du Panthéon ne pourront être décernés à aucun citoyen et son buste placé dans la Convention nationale et les lieux publics que dix ans après sa mort.* » La règle sera à peu près respectée, exception faite des inhumations impériales et des obsèques au Panthéon, suivant des funérailles nationales.

Seules les panthéonisations d'hommes illustres ne suscitant aucune controverse traversent la période révolutionnaire dans la sérénité sépulcrale (Voltaire*, Rousseau*). Il y a souvent loin d'une sépulture à l'autre (Diderot*, Descartes*), alors que la distance physique entre les lieux de repos funèbre est souvent infime.

Barère de Vieusac, président de la Convention, à l'occasion du sacrifice des marins du *Vengeur* du peuple*, définit la destination à la fois politique et symbolique du Panthéon, calquée sur celle du Panthéon romain de l'Antiquité. L'édifice devient le nouveau lieu de la mémoire républicaine. Les intentions sont annoncées, les moyens à mettre en œuvre sont répertoriés. Les régimes et gouvernements successifs ne dévieront pas d'un pouce de la ligne tracée : depuis plus de deux siècles, et quelles que soient les vicissitudes politiques, le Panthéon remplit la fonction qui lui a été assignée par les « pères de la patrie » : recevoir les cendres de tous ceux qui sont une valeur exemplaire pour l'unité de la nation citoyenne.

Le cortège du triomphe de Voltaire empruntant le quai du Louvre lors de la cérémonie de translation du corps du philosophe au Panthéon (1791).
Le char sur lequel ont été déposées les cendres a été réalisé d'après un dessin de Jacques Cellerier (1742-1814), élève de Blondel.

Descente dans la crypte du Panthéon du cercueil d'un dignitaire de l'Empire
par l'escalier impérial (est).
Ci-contre : cérémonie d'inhumation d'un dignitaire de l'Empire.
Dessins de Pierre Léonard Fontaine.

Le sanctuaire des dignitaires de l'Empire (1801-1815)

L'Empereur est soucieux de rompre tout lien politique et moral avec la Révolution qu'il considère comme terminée. Les entrées et sorties de « grands hommes » reconnus comme tels selon les circonstances ont discrédité la fonction même du Panthéon français.

Dans la continuité des accords concordataires, préparés par le cardinal Caprara* et par Portalis*, et signés le 16 juillet 1801, le décret impérial du 20 février 1806 rend officiellement la basilique au culte catholique sous la double invocation de sainte Geneviève et de... saint Napoléon ! Ce décret complète celui du 15 juillet 1804 notifiant les prescriptions pour les obsèques des dignitaires civils et militaires dans la crypte de l'église ; deux cent quarante-deux places sont aménagées dans le sous-sol, en réservant le caveau IV aux personnalités protestantes. La crypte conserve ainsi sa vocation de nécropole civique.

Vingt jours après la promulgation du décret, Tronchet* bénéficie des nouvelles dispositions. Il est le premier des 43 dignitaires impériaux à devoir son inhumation somptueuse sous le dôme de Sainte-Geneviève au changement de l'orientation politique relative à l'inhumation des hautes personnalités. Aucun d'entre eux n'est panthéonisé.

Ces nouvelles affectations rompent avec l'esprit révolutionnaire des panthéonisations. L'édifice redevient un lieu de culte catholique comme les autres églises métropolitaines, et la crypte un lieu d'inhumation officiel de grands commis de l'État, recevant les corps des dignitaires de l'Empire par simple décret collectif, de la même manière que la crypte de l'église des Invalides reçoit les dépouilles des grands capitaines.

Pour bien marquer l'affectation religieuse de l'édifice, l'inscription de Pastoret, *Aux grands hommes, la patrie reconnaissante*, est effacée en 1810.

1807, 23 mai

ALBERT, *Louis Joseph* Charles Amable, duc de Luynes, comte d'
4 novembre 1748, Paris / 20 mai 1807, Paris

D'origine provençale, la famille d'Aubert, devenue d'Albert, possédait les trois duchés-pairies de Chevreuse, de Luynes et de Chaulnes. Louis Joseph devient maréchal de camp et colonel général des dragons. Il est député de la noblesse aux états généraux de 1789. Favorable aux réformes et à une monarchie constitutionnelle, il se rallie au tiers état. À l'Assemblée constituante, il prend la défense du baron de Besenval, commandant de la garde suisse et de la garnison de Paris, qui avait ordonné à ses régiments de se replier sans combattre la population en armes, le 14 juillet 1789, pour éviter de déclencher une guerre civile.
À la suite d'une dénonciation à la Convention qui l'accuse de « *détenir des biens confisqués au maréchal d'Ancre et à Eleonora Galigaï, biens offerts par Louis XIII au connétable de Luynes, le plus indigne favori de nos anciens tyrans* », le comte d'Albert refuse l'émigration et se retire en 1792 au château de Dampierre (Yvelines) où il vit presque tranquillement, avant d'être arrêté en 1794. Il est enfermé à la prison de Lourcine à Paris avec sa fille et son épouse, dame du palais de Marie-Antoinette. Les événements du 9 Thermidor sauvent la famille de Luynes du couperet de la guillotine. Il se rallie au coup d'État du 18 brumaire. En récompense, il est décoré en 1803 de la Légion d'honneur et nommé sénateur. Malgré la suppression des appellations nobiliaires, il conserve l'ensemble de ses titres.
Le corps de Louis Joseph d'Albert de Luynes, réclamé par sa famille le 19 avril 1862, est rendu à cette dernière le 28 août.
Il repose depuis cette date dans la sépulture familiale à Dampierre.
Franc-maçon à la loge La Candeur, grand officier du Grand Orient de France.

1808, 30 septembre, caveau V

BÉGUINOT, *François-Berthélemy* Béguignot, comte, dit
22 janvier 1747, Ligny (Meuse) / 26 septembre 1808, Paris

Soldat au régiment Béarn-Infanterie depuis 1774, François Berthélemy Béguinot passe huit ans plus tard au Lorraine-Infanterie, régiment dont il est congédié en 1784, pour des raisons d'ancienneté. Élu le 6 octobre 1792 capitaine de sa compagnie par les grenadiers du 2e bataillon de volontaires de la Haute-Marne, il franchit tous les grades de la hiérarchie militaire jusqu'aux étoiles de général de division qu'il obtient le 17 pluviôse an VII (5 février 1799). Il commande la 24e division militaire à Gent (Gand), couvrant les nouveaux départements de l'Escaut, de la Lys et des Deux-Nèthes, annexés par la République. À cette occasion, il réprime les révoltes des vingt mille patriotes flamands et brabançons en 1798, en passant quatre mille hommes au fil de l'épée à Mechelen (Malines), Oudenaarde (Audenarde), Ieper (Ypres) et Leuven (Louvain). Bonaparte, qui « *l'estimait mais ne l'aimait pas à cause de ses opinions républicaines* », le nomme député des Ardennes au Corps législatif en 1802. Chevalier de la Légion d'honneur, il est nommé sénateur le 14 août 1807 et comte d'Empire le 23 mai 1808.
Les obsèques religieuses sont célébrées en l'église Saint-Thomas-d'Aquin.

1807, 14 mars, caveau V

BÉVIÈRE, *Jean-Baptiste* Pierre
20 octobre 1723, Paris / 11 mars 1807, Paris

Conseiller du roi, Jean-Baptiste Bévière acquiert une charge de notaire au Châtelet de Paris le 20 août 1757. Il épouse sa cousine, qui lui apporte une dot de 600 000 livres. Devenu président de la Compagnie des notaires, il est élu député du tiers aux états généraux du 13 mai 1789 par cent soixante-treize voix contre quinze

Jean-Baptiste BÉVIÈRE

au bâtonnier François Tronchet*. Député à l'Assemblée constituante, il prête le serment du Jeu de paume, le 20 juin 1789, et siège avec les modérés. En 1791, il vote en faveur de l'émission des assignats et pour le rattachement d'Avignon et du Comtat Venaissin au territoire français. Doyen d'âge des édiles parisiens, il devient maire du IVe arrondissement le 9 mars 1800. Doyen de la Compagnie des notaires de Paris en 1803, il prend la défense de la corporation dans un différend qui oppose les notaires parisiens à leurs confrères d'Orléans et gagne le procès. Il accueille favorablement le coup d'État du 18 brumaire et en sera récompensé par une promotion à la Légion d'honneur. Napoléon le nomme sénateur.

1811, 5 septembre, caveau III

BOUGAINVILLE, *Louis-Antoine*, comte de 11 novembre 1729, Paris / 31 août 1811, Paris

Notaire au Châtelet, avocat puis secrétaire d'ambassade à Londres où il publie un *Traité du calcul intégral* qui le fait recevoir comme membre de la Royal Society (1754-1756), Louis Antoine de Bougainville entre dans la marine et installe une colonie française aux îles Malouines avec l'aide d'armateurs de Saint-Malo et de réfugiés acadiens. Le 1er avril 1767, la France abandonne, une fois encore, les colons acadiens, satisfaisant à une revendication inique de l'Espagne qui justifie sa propriété sur les îles qu'elle considère comme étant une dépendance de l'Amérique du Sud. Déçu, Bougainville prend le commandement de *La Boudeuse*, à bord de laquelle il devient le premier Français à réaliser une circumnavigation en explorant, de 1767 à 1769, la Mélanésie, la Papouasie et la Polynésie. Le 12 avril 1768, au nom du roi Louis XV, il prend possession de Tahiti, alors dénommée « Nouvelle Cythère ». Dans son récit intitulé *Voyage autour du monde...* (1771), il décrit son périple et évoque son scepticisme quant à la bonté naturelle de l'homme sauvage. Il remet ainsi en cause les théories de philosophie sociale de son voisin de nécropole, Jean-Jacques Rousseau*, pour qui « *tous les hommes naissent naturellement bons* ». Il participe à la guerre de l'Indépendance américaine de 1778 à 1782, sous les ordres de l'amiral d'Estaing, et quitte la marine en 1790 pour se consacrer aux études scientifiques. Emprisonné sous la Terreur, il est sauvé par Thermidor[1]. Devenu membre de l'Institut en 1795 et du Bureau des

Le comte de BOUGAINVILLE,
par Joseph Ducreux.

1. Le 9 thermidor an II (27 juillet 1794), l'arrestation puis l'exécution de Robespierre et de ses alliés mettent fin à la Terreur et sauvent de l'échafaud une grande partie des suspects arrêtés arbitrairement.

longitudes peu après, il est élevé à la dignité de grand officier de la Légion d'honneur par l'empereur Napoléon Ier. Celui-ci le fait aussi sénateur (1799) et comte (1808).

Seule sa dépouille repose au Panthéon. Une urne contenant son cœur est restée au cimetière du Calvaire, à Montmartre, sous la colonne votive qui en marque l'emplacement.

1808, 14 mai, caveau V

CABANIS, Pierre Jean *Georges*, comte
5 juin 1757, Cosnac (Corrèze) /
5 mai 1808, Rueil-Seraincourt (Val-d'Oise)

Élève des doctrinaires de Brive, Georges Cabanis s'instruit à la lecture des philosophes, en particulier de Voltaire* et de Rousseau*. En 1773, il devient professeur des beaux-arts à l'université de Varsovie, qu'il doit quitter pour avoir refusé d'enseigner à des séminaristes. Féru d'agronomie, il appuie Parmentier dans sa promotion de la pomme de terre et soutient Turgot dans son projet d'acclimatation du mouton mérinos en France.

Cabanis devient docteur en médecine en 1784 et s'installe à Auteuil. Esthète vivant dans l'entourage des encyclopédistes, il est un hôte assidu du salon de Mme Helvétius. Depuis 1778, il est aussi l'ami de Mirabeau*, qui meurt dans ses bras en 1791.

Georges CABANIS

Après *Du degré de certitude de la médecine*, ouvrage imprimé en 1797, son impopularité chez ses pairs s'accentue, d'autant qu'il est parvenu à faire promulguer la loi supprimant les facultés. Après Thermidor, il est membre des hospices de Paris et professeur d'hygiène et de clinique à l'École de médecine. Il associe son nom au projet de modification du Code de procédure pénale prévoyant la suppression de la peine de mort, qu'il considère comme « *un grand crime social qui n'en prévient aucun* ». La généreuse idée, déposée sur le bureau de l'Assemblée en 1793 par Le Peletier de Saint-Fargeau*, Condorcet* et l'abbé Grégoire*, n'aboutira qu'en 1981, sous le mandat du président de la République François Mitterrand.

Nommé sénateur en 1799, Cabanis reste un médecin reconnu, influençant les mœurs de son temps par sa force de caractère, son charisme et ses actions de bienfaisance. Humaniste, il s'intéresse au sort des prisonniers de droit commun et à l'état déplorable des maisons carcérales. Il s'efforce d'améliorer le sort des aliénés et devient, aux yeux de tous, « la providence des malheureux ».

Seule sa dépouille repose au Panthéon, son cœur étant resté au cimetière d'Auteuil, auprès de son épouse, Charlotte Félicité de Grouchy, fille du maréchal de France, retardataire regretté à la bataille de Waterloo.

Franc-maçon, initié à 21 ans à la loge Les Neuf Sœurs à Paris.

1810, 23 juillet, caveau III

CAPRARA, *Giovanni Battista*, cardinal
29 mai 1733, Bologne (Italie) /
21 juillet 1810, Paris

Fils du comte Francesco Raimondo Montecuccoli, Giovanni Battista Caprara choisit de porter le nom de sa mère, Maria Vittoria Caprara, avec laquelle il vivait. Vice-légat de Ravenne en 1758, nonce à Cologne en 1767, à Lucerne en 1775, et à Vienne en 1785, il revêt la pourpre cardinalice en 1792. En 1793, de retour à Rome, Pie VI le met au service des

congrégations romaines pour les questions de droit canonique et lui confère la charge de camerlingue du Sacré Collège. Après la Terreur, Caprara reconnaît la sainte tunique en l'abbaye d'Argenteuil comme authentique. La relique avait été offerte à Charlemagne par Irène de Constantinople.
Habile négociateur, Caprara devient l'artisan du Concordat, avec Portalis*. Malgré sa santé précaire, le cardinal avait été envoyé à Paris comme légat *a latere* avec pouvoirs spéciaux, pour rétablir solennellement en France le culte catholique comme religion d'État. Il préside la cérémonie organisée à cet effet le 18 avril 1802 à Notre-Dame. En 1804, il est représenté dans le tableau de David, concélébrant, à la droite du pape Pie VII, la messe du couronnement de l'empereur Napoléon Ier. Pourtant, comme la mère du nouveau souverain, il était absent à la cérémonie du sacre pour cause de lassitude.
Le cardinal Caprara est chargé de recevoir les demandes de sécularisation des prêtres et religieuses mariés sous la Révolution. Il instruit les procès nécessaires à l'investiture canonique des évêques nommés par l'Empereur. Fait archevêque de Milan, il sacre Napoléon roi d'Italie, le 26 mai 1805 ; plus tard, il ferme les yeux sur le divorce et le second mariage de l'Empereur. Rappelé à Rome, il fait le choix de rester à Paris où il est nommé au Sénat.

1808, (?), caveau V

CAULAINCOURT, *Gabriel*, Louis, marquis de
15 novembre 1749, Leschelles (Aisne) / 28 octobre 1808, Paris

Le marquis Gabriel Louis de Caulaincourt, issu d'une très ancienne famille du nord de la France, embrasse la carrière militaire comme chevau-léger de la garde du roi, le 4 août 1757. Colonel commandant le régiment de Rohan-Soubise le 13 avril 1780, il est décrit comme un « *bon officier*, [qui] *conduit fort bien son régiment* ». Maréchal de camp et gouverneur militaire de l'Artois en 1788, il est lieutenant général de l'armée du Nord le 1er février 1792, mais démissionne le 22 mai devant l'insubordination de ses troupes. La Convention l'admet à faire valoir ses droits à la retraite.
En 1804, Caulaincourt effectue avec Ordener*, à la demande de Bonaparte, l'enlèvement du duc d'Enghien. Il est nommé par Napoléon sénateur en 1805 et comte d'Empire en 1808, quelques jours avant sa mort. Il est le père de deux fils qui rendront célèbre le nom de Caulaincourt, nom gravé sur le côté est de l'arc de triomphe de l'Étoile.
Seule sa dépouille repose au Panthéon ; son cœur est resté à Caulaincourt.
Franc-maçon aux loges Les Amis réunis et La Candeur.

1808, 4 février, caveau V

CHOISEUL, *Antoine-César* de, duc de Praslin
6 avril 1756, Paris / 28 janvier 1808, Paris

Antoine-César de Choiseul choisit la carrière des armes en 1772. De 1779 à 1788, il est colonel dans le régiment de la Reine et mestre de camp au régiment de Lorraine-Infanterie. Choiseul est élu député de la noblesse aux états

Antoine-César de CHOISEUL

généraux. En septembre 1790, il approuve la répression des insurgés de Châteauvieux à Nancy par le marquis de Bouillé et par Jacqueminot*. Il est promu maréchal de camp en 1791. Arrêté comme suspect pendant la Terreur, il est sauvé par le 9 Thermidor.
La tradition orale voudrait qu'il ait été le promoteur de l'insertion de la couleur blanche des Bourbons entre le bleu et le rouge de la ville de Paris pour la création du pavillon national, proposée à l'Assemblée le 29 septembre 1791. Ainsi, le 27 pluviôse an II (15 février 1794), la Convention a-t-elle décrété qu'« *à compter du 1er prairial an II* [20 mai 1794], *le pavillon sera formé des trois couleurs nationales disposées en trois bandes égales, posées verticalement, de manière que le bleu soit attaché à la gaule du pavillon, le blanc au milieu, le rouge flottant dans les airs* ». Partisan de l'ordre, Choiseul approuve le coup d'État du 18 brumaire an VIII (9 novembre 1799). Il est nommé sénateur cette année-là.
Franc-maçon à la loge La Candeur, grand officier du Grand Orient de France en 1805.

1810, 22 août, caveau III

CLARET, *Charles-Pierre*, comte de Fleurieu
2 juillet 1738, Lyon (Rhône) / 18 août 1810, Paris

La carrière dans la marine de Charles-Pierre Claret de Fleurieu débute en 1755. Enseigne de vaisseau en 1762, il se passionne pour les applications scientifiques aux constructions navales et pour le fonctionnement des horloges. Membre de l'Académie royale de marine en 1766, il acquiert une renommée scientifique par la création d'une montre marine à secondes qui démontre sa fiabilité. Ainsi se trouve résolu le problème des garde-temps pour le calcul des longitudes.
En 1773, Claret devient lieutenant de vaisseau, puis en 1775, après la publication du rapport d'études scientifiques de son voyage commandité par l'Académie des sciences, il est nommé inspecteur adjoint du Dépôt des cartes et des plans. Directeur général des Ports et des Arsenaux en 1776, il est l'organisateur maritime des opérations de la flotte française qui assiste les *insurgents* de la guerre de l'Indépendance américaine entre 1778 et 1783. En juin 1785, il dresse l'itinéraire des expéditions de La Pérouse et, du 27 octobre 1790 au 17 mai 1791, occupe la charge de ministre de la Marine. Démissionnaire, il est remplacé par Thévenard* à la suite de l'insubordination des équipages. Arrêté en 1793, sous la Terreur, il est libéré après le 9 Thermidor.
À la suite du coup d'État du 18 brumaire, Claret est récompensé par un poste de conseiller d'État. Il est nommé ministre plénipotentiaire pour les préliminaires d'une négociation avec le président américain Jefferson, qui doit mener au règlement de la présence française en Louisiane. Après trois années d'atermoiements et de discussions, le traité de cession est signé à Mortefontaine le 30 avril 1803, et les dernières terres continentales que la France possède en Amérique du Nord sont vendues pour 80 millions de francs (15 millions de dollars – soit environ 185 millions d'euros actuels), dont 20 millions d'indemnités dues par la France aux Américains.
Membre de l'Institut et du Conseil des Anciens en 1797, sénateur en 1805, Claret est nommé gouverneur des palais des Tuileries et du Louvre. Sa mort laisse inachevée son *Histoire générale de la navigation de tous les peuples*.

1813, 25 juin, caveau II

COSSÉ-BRISSAC, *Hyacinthe-Hugues* Timoléon, comte de
8 novembre 1746, Paris / 19 juin 1813, Paris

Époux de Marie-Louise de Wignacourt, Cossé-Brissac est, sous l'Ancien Régime, grand-croix de l'ordre de Malte, colonel du régiment de Turenne et mestre de camp commandant le régiment de cavalerie Royal-Roussillon. Sa famille ne compte pas moins de quatre maréchaux de France.

Lieutenant général en 1791, suspect comme aristocrate et inquiété en 1793, Cossé-Brissac refuse d'émigrer et ses biens sont placés sous séquestre. Lors du coup d'État du 18 brumaire an VIII, il se rallie à Bonaparte. Fait officier de la Légion d'honneur, grand chambellan de Napoléon Ier, chambellan honoraire de Letizia Ramolino, mère de l'Empereur, il est nommé sénateur le 19 août 1807 et comte d'Empire le 28 avril 1808.
Son frère, Louis Hercule Timoléon, gouverneur de Paris en 1791, commande la garde constitutionnelle chargée de la protection de Louis XVI ; cette formation sera dissoute le 29 mai 1792. Décrété d'accusation le 10 août 1792 par la Haute Cour d'Orléans, il est assassiné à Versailles lors des massacres de Septembre à cause de son attachement indéfectible à Louis XVI.

1809, 1er décembre, caveau III

CRÉTET, *Emmanuel*, comte de Champmol
10 février 1747, Le Pont-de-Beauvoisin (Savoie) / 28 novembre 1809, Auteuil (Seine)

Issu d'une famille de négociants, Emmanuel Crétet s'expatrie aux Amériques pour faire la fortune d'un armateur bordelais. À la mort de son commanditaire, il reprend l'affaire à son compte en y annexant une compagnie d'assurances dont il est le principal actionnaire. Rentré en France, il accueille la Révolution française avec intérêt, voyant dans le désordre ambiant une occasion supplémentaire de s'enrichir. Spéculateur sur les biens nationaux, il acquiert, en 1791, la chartreuse de Dijon pour une somme dérisoire, ainsi que le prieuré d'Époisses. Député depuis 1795 au Conseil des Cinq-Cents et au Conseil des Anciens (il est responsable de la gestion des finances), Crétet devient conseiller d'État à vie après avoir financé, avec Perrégaux*, le coup d'État du 18 brumaire. En récompense de son soutien, il obtient de Bonaparte le poste de directeur des Ponts et Chaussées. Il s'acquitte de sa charge en améliorant le réseau routier et les voies navigables. Il quitte le Conseil d'État où il est chargé du cadastre, pour diriger la Banque de France lorsque l'établissement passe sous la tutelle de l'administration gouvernementale, en 1806, et succède à Perrégaux*, tout en obtenant le titre de gouverneur que Bonaparte avait toujours refusé à son prédécesseur.
Ministre de l'Intérieur de 1807 à 1809, Crétet élabore le premier statut des fonctionnaires. En 1808, il est nommé par l'Empereur comte de Champmol. Il pose la première pierre de la nouvelle Bourse de Paris et inaugure le canal de l'Ourcq. Il fournit à Chalgrin le matériau, prélevé des restes de la chartreuse de Dijon, qui servira à la construction de l'arc de triomphe de l'Étoile. Il démissionne de son poste à cause de sa santé défaillante.
Seule sa dépouille repose au Panthéon, son cœur et ses entrailles sont inhumés au cimetière d'Auteuil.

Emmanuel CRÉTET, comte de Champmol.

1814, 11 février, caveau II

DÉMEUNIER ou DESMEUNIER,
***Jean* Nicolas, comte**
15 mars 1751, Nozeroy (Jura) /
7 février 1814, Paris

Après des études primaires à Nozeroy, Jean Déméunier poursuit ses humanités au grand séminaire de Besançon. Avocat, favorable à une révolution réformatrice, il refuse les méthodes insurrectionnelles en agissant en homme de dialogue et de rapprochement. Le 3 août 1789, il propose que la Déclaration des droits de l'homme soit le préambule de la Constitution. Partisan de la séparation des pouvoirs, il soutient Pétion en 1790, lorsque celui-ci propose que seul le pouvoir législatif ait le droit de légiférer et d'interpréter les lois. Promoteur d'une justice équitable, il est le créateur de la Cour de cassation.
Député du tiers aux états généraux, il signe le serment du Jeu de paume et devient président de l'Assemblée constituante. Administrateur de la ville de Paris, il s'entremet pour sauver la famille royale après le retour de Varennes (juin 1791). Tenant résolu d'une monarchie constitutionnelle, il quitte Paris pour Rouen quelques jours avant la proclamation de la République. Il se réfugie en Suisse, puis aux États-Unis où il se lie avec Talleyrand et Volney. Il revient en France après le 9 Thermidor et s'enthousiasme pour le coup d'État du 18 brumaire. Bonaparte lui manifeste sa reconnaissance en le nommant au Tribunat dont il prend la présidence, puis le fait sénateur (1802), comte d'Empire (1808) et grand officier de la Légion d'honneur. Il apparaît comme le précurseur de l'anthropologie sociale en France, notamment par deux de ses ouvrages : *L'Esprit de l'usage et des coutumes des différents peuples ou observations tirées des voyageurs ou des historiens* (1776), qui reçut l'approbation de Voltaire*, et *Économie politique et diplomatique* (1784-1788).
Franc-maçon à la loge Les Neuf Sœurs.

1812, 27 juillet, caveau II

DORSENNE, Jean Marie Pierre *François*
Doursenne, comte Le Paige, dit
30 avril 1776, Ardres (Pas-de-Calais) /
24 juillet 1812, Paris

Fils d'un cloutier, engagé en 1791, François Dorsenne est capitaine au 10e bataillon de volontaires nationaux au cours de la levée en masse de 1792. Remarqué en 1799 par le général Bonaparte, durant la campagne d'Égypte, après l'assaut de Gradisha, il est promu commandant. Il contribue à la victoire d'Austerlitz, le 2 décembre 1802, et gravit tous les échelons de la hiérarchie. Véritable dandy militaire, le soin jaloux qu'il met à soigner son apparence lui vaut le surnom de « Beau Dorsenne ».
Dorsenne est ouvertement l'amant de la femme du chevalier d'Orsay, ce qui fait dire dans la société parisienne qu'« *elle avait, à la fois, le plus bel amant et le plus beau des maris de France* ». Il est fait comte Le Paige lors de la promotion de 1808. Au cours de la bataille d'Essling, après avoir eu deux chevaux tués sous lui, il reçoit une mauvaise blessure à la tête alors qu'il couvre la retraite.

Le comte DÉMEUNIER

Général, il sert à Wagram en 1809, puis est envoyé en Espagne pour commander la garde impériale où il remplace Bessières, en 1811, à la tête de l'armée du Nord. Vainqueur à San Martín de Torres, à Astorga et à Ciudad Rodrigo, il est élevé à la dignité de grand officier de la Légion d'honneur. Il quitte l'armée active le 5 mai 1812 et meurt, deux mois plus tard, des suites d'une trépanation rendue nécessaire par ses blessures. Son nom est inscrit sur la face ouest de l'arc de triomphe de l'Étoile.

1809, (?) février, caveau V

DURAZZO, *Girolamo* Luigi Francesco Maria, comte
20 mai 1739, Gênes (Italie) / 21 janvier 1809, Gênes

Élève des jésuites au collège romain, Girolamo Durazzo manifeste un goût prononcé pour le théâtre, la philosophie et l'économie politique. En 1780, il est député et magistrat. L'année suivante, en mai, le Sénat génois l'envoie comme délégué extraordinaire à la cour d'Autriche, à Vienne. De retour à Gênes, il est élu sénateur.

Durazzo est le dernier doge de la République maritime de Gênes. Il exerce cette fonction du 3 juillet 1802 au 4 juin 1805. Issu d'une ancienne famille albanaise qui donna tant de doges à Gênes, il rédige, sur le modèle français, la Constitution de l'éphémère République ligure (1797-1814) annexée en 1805 à l'Empire par Napoléon Bonaparte. Pour la circonstance, il est fait comte d'Empire dans la vague des nominations de 1808 et meurt peu après.

Ses funérailles sont célébrées en l'église Saint-Ambroise de Gênes, le 25 janvier 1809. Par décision impériale, son cœur est inhumé au Panthéon, sans doute pour le remercier de sa collaboration zélée. Il s'agit aussi d'honorer sa famille : en effet, l'un des membres de celle-ci, Marcelino, qui fut doge de Gênes de 1767 à 1769, céda la Corse à la France contre une substantielle rétribution, faisant ainsi du futur empereur des Français un sujet du roi Louis XV.

1811, 2 avril, caveau III

ERSKINE OF KELLIE, *Charles*, cardinal
13 février 1739, Rome (Italie) /
20 mars 1811, Paris

Après des études au collège des Écossais à Rome, sous la protection du cardinal Henry, duc d'York, Charles Erskine of Kellie obtient un doctorat en droit en 1770. Avocat reconnu du barreau, il excelle en philosophie et en linguistique. Latiniste, il est remarqué par Pie VI qui l'envoie en mission comme promoteur de la foi catholique à Londres de 1793 à 1801. En août 1799, son esprit conciliateur de diplomate avisé lui permet d'organiser, avec succès, un service funèbre en l'honneur de Pie VI, cérémonie à laquelle assistent de nombreux représentants et délégations. C'est la première fois depuis le schisme anglican qu'une telle cérémonie a lieu en Angleterre pour honorer la mémoire d'un pape.

Pie VII lui offre la pourpre cardinalice le 17 janvier 1803. Bien qu'il n'ait jamais été ordonné prêtre, Erskine of Kellie est proclamé cardinal et protecteur de l'Écosse. En 1808, il partage la cellule du pape lorsque celui-ci est enfermé au Quirinal pendant l'occupation du Vatican par les troupes françaises. Lors de la captivité de Pie VII à Fontainebleau, il est chargé, par Napoléon Ier, des relations avec les protestants.

Sa santé déclinant, il meurt à Paris le jour même de la naissance du roi de Rome, fils de l'Empereur. Le service funèbre est célébré en l'église Saint-Thomas-d'Aquin, en commun avec les obsèques du cardinal Vicenti Mareri*.

1809, 14 avril, caveau III

GARNIER, *Pierre*,
comte de La Boissière
11 mars 1755, Chassiecq (Charente) /
14 avril 1809, Paris

Formé au prytanée militaire de La Flèche, puis à l'École royale militaire, officier au Custine-Dragons, Pierre Garnier se met au service de la

Révolution. Général de brigade en 1793, il voit son cheval tué sous lui le 25 messidor an II (13 juillet 1794), ce qui le laisse aux mains des Prussiens. Il est libéré grâce à un échange de prisonniers en germinal an III (avril 1795). Il participe à toutes les campagnes avec Gouvion-Saint-Cyr et Masséna. Commandant la cavalerie de l'armée des Grisons en novembre 1800, il franchit le col du Splügen, malgré la neige et les avalanches.
Il est nommé inspecteur général de l'infanterie en 1801 et de la cavalerie en 1802, et devient chambellan de l'Empereur en 1805. Sénateur, grand officier de la Légion d'honneur, il est fait en 1808 comte de La Boissière et abandonne le nom de Garnier.
Désigné commandant de la cavalerie du corps d'armée de Masséna, le 1er mars 1809, il ne peut prendre son poste pour raison de santé et meurt quelques jours après cette nomination.
Le nom de La Boissière est inscrit sur le côté est de l'arc de triomphe de l'Étoile.
Vénérable de la loge Les Vrais Amis réunis à l'Orient de Nice (Alpes-Maritimes).

1811, 5 juin, caveau II

HUREAU, *Alexandre-Antoine*, baron de Sénarmont
21 avril 1769, Strasbourg (Bas-Rhin) / 26 octobre 1810, Cadix (Espagne)

Élève à l'école d'artillerie, Alexandre-Antoine Hureau intègre le 2e régiment d'artillerie de Besançon comme lieutenant en 1785. Capitaine en 1792, il est nommé chef de bataillon le 13 juin 1794, par le Comité de salut public, pour sa bravoure à défendre le pont de Monceaux près de Charleroi. Ingénieux, il se distingue à la campagne d'Italie, pendant le difficile passage des pièces de campagne au col du Grand-Saint-Bernard, le 24 mai 1800. Son action à la bataille de Marengo le fait remarquer du Premier Consul. En 1801, Bonaparte lui confie le commandement de la VIe région d'artillerie. À Austerlitz, il est nommé général de brigade. Il participe aux batailles d'Iéna, d'Eylau,

Alexandre-Antoine HUREAU

et décide de la victoire de Friedland en portant avec célérité trente bouches à feu à trente toises (58,47 m) de l'ennemi qui, écrasé sous un feu violent et parfaitement dirigé, est obligé de battre en retraite.
Il est nommé directeur de l'artillerie, à Douai, en 1801. Homme de l'art, il est un conseiller avisé pour tout ce qui touche aux canons et à leur utilisation. Durant la difficile campagne d'Espagne, il déloge l'ennemi installé dans le défilé de Somosierra, par le tir croisé de six pièces d'artillerie. Cette action lui vaut d'être promu général de division à quarante et un ans. Il meurt victime de son arme de prédilection, frappé par un obus espagnol au siège de Cadix.
Son nom est gravé sur la paroi ouest de l'arc de triomphe de l'Étoile. Seul son cœur repose au Panthéon.

1813, 16 juin, caveau II

JACQUEMINOT, *Jean* Jacques Ignace, comte de Ham
14 janvier 1754, Naives-devant-Bar (Meuse) / 13 juin 1813, Paris

Avocat nancéien au parlement de Lorraine sous l'Ancien Régime, Jean Jacqueminot est favorable aux idées de la Révolution, avec sagesse

et modération, mais il soutient la répression militaire contre les royalistes nancéiens. Il sauve la vie au général Malseigne, envoyé par l'Assemblée réprimer l'insurrection militaire de la garnison de Nancy, que les insurgés s'apprêtaient à massacrer. La réaction des républicains, appuyés par le commandant de la place de Metz, le marquis de Bouillé, se solde par l'exécution de vingt soldats et l'envoi de quarante-deux Suisses aux galères[1]. Le 15 avril 1792, les « victimes de Châteauvieux » seront réhabilitées au cours d'une fête mise en scène autour d'une gigantesque statue de la Liberté. Suspect sous la Terreur, Jacqueminot est arrêté deux fois et s'enfuit pour se réfugier au sein de sa famille dans le département de la Meuse. Il est élu député de la Meurthe au Conseil des Cinq-Cents en avril 1797. En 1798, il présente un projet de résolution relative à la validité des testaments militaires rédigés sur le champ de bataille. Il est nommé sénateur du Nord le 25 décembre 1799. Rallié au coup d'État du 18 brumaire, Jacqueminot est nommé président de la commission de vingt-cinq membres désignée par Lucien Bonaparte pour la substituer au Conseil des Cinq-Cents, expulsé de la salle d'assemblée à Saint-Cloud. Durant la préparation du Code civil, il défend la législation du divorce. Commandeur de la Légion d'honneur, il est fait comte d'Empire en 1808. Rendant la presse responsable d'incitation au meurtre pendant les excès de la Terreur, il appuie de toute son énergie la censure des journaux et vote tous les textes législatifs réduisant la liberté de la presse. Contre tous les usages nobiliaires, il reçoit le majorat de Ham-les-Moines le 13 mars 1813, trois mois avant sa mort.
Membre de la loge maçonnique Saint-Jean de Jérusalem à Nancy (Meurthe).

1. Malgré l'abolition des galères le 27 septembre 1748 par Louis XV, la sanction qualifiée comme telle est maintenue ; les condamnés aux galères effectuaient leur peine comme forçats internés dans des prisons côtières ou sur des navires désaffectés transformés en ponton, notamment à Brest ou à Toulon, dans ce qui deviendra le bagne. La qualification subsistera jusqu'à une modification du Code de procédure criminelle à la fin du XIXe siècle.

1813, 13 avril, caveau II

LAGRANGE, *Joseph* Louis, né Lagrangia, comte
25 janvier 1736, Turin (Italie) /
10 avril 1813, Paris

Professeur de mathématiques à dix-neuf ans à l'école d'artillerie de Turin, Joseph Lagrange publie un ouvrage, *Actes de la société privée*, contenant la méthode des isopérimètres et découvre le principe de la solution complète des équations du second degré. Astronome, il étudie les satellites de Jupiter, explique le mouvement des planètes et l'influence de la Lune sur la Terre. En 1764, il obtient le prix de l'Académie des sciences de Paris pour ses travaux sur la libration de la Lune. Il est nommé président de l'Académie des sciences de Berlin en 1766 par Frédéric II pour remplacer son maître Euler parti à Saint-Pétersbourg. Membre de l'Institut en 1795, professeur à l'École normale et à Polytechnique, il participe aux travaux du Bureau des longitudes. On lui

Joseph LAGRANGE

doit entre autres ouvrages : *Réflexions sur la résolution algébrique des équations* (1771), des additions à l'*Algèbre* d'Euler (1773), *Mécanique analytique* (1788), *Leçons sur le calcul des fonctions* (1801), etc. L'édition complète de ses travaux est publiée en 1869.
Président de la Commission des poids et mesures, Lagrange propose, avec Delambre et Méchain, l'instauration du système métrique en remplacement des mesures variables et incertaines de l'Ancien Régime.
Grâce à ses travaux scientifiques, il échappe à la tourmente révolutionnaire. Napoléon Ier le fait sénateur et comte d'Empire. Son scepticisme était tel qu'à chaque question qui lui était posée, il répondait : « *Je ne sais pas !* »

1810, 6 juillet, caveau XXII

**LANNES, *Jean*, maréchal de France, duc de Montebello, prince de Siévers
10 avril 1769, Lectoure (Gers) /
31 mai 1809, Vienne (Autriche)**

Fils d'un palefrenier et apprenti teinturier, Jean Lannes s'engage dans les armées de la République en 1792 et devient général en 1795. Il est blessé à Arcole le 15 novembre 1796. Après les campagnes d'Italie et d'Égypte, commandant du quartier général des Tuileries, il appuie le coup d'État du 18 brumaire. Reconnaissant, Bonaparte lui confie le commandement de la garde consulaire. Victorieux aux combats de Montebello, de Marengo, d'Austerlitz, d'Iéna et d'Ulm, il est grièvement blessé à Pulstuk. Il reçoit la capitulation de Saragosse. Il est promu maréchal d'Empire le 19 mai 1804 et fait duc de Montebello le 15 juin 1808. Il déteste la guerre, ce qui ne l'empêche pas d'être d'un courage forçant l'admiration. Surnommé « *le Roland de l'armée* » par la rumeur militaire, il a conservé les attitudes du soldat de la Révolution en continuant de tutoyer l'Empereur ; présenté au souverain pontife qui lui tend l'anneau à baiser, il lui serre simplement la main. Pendant la bataille d'Essling, il résiste toute la journée du 21 mai 1809. Le feu ennemi est si nourri et les troupes tellement exposées que le maréchal murmure, parlant de l'Empereur : « *Ce foutu bougre de Bonaparte nous y fera tous passer !* » Il ne croyait pas si bien dire : frappé par l'artillerie ennemie, le maréchal Lannes meurt des suites de l'amputation du membre inférieur gauche, après une agonie de huit jours. La légende populaire le fait expirer dans les bras de Napoléon Ier – qui visitait alors les blessés dans les hôpitaux militaires ambulants –, en lui criant : « *Assez !* » C'est le seul des vingt-cinq maréchaux du Premier Empire à reposer au Panthéon.
Administrateur, grand officier du Grand Orient de France.

1810, 6 juillet, caveau III

**LE BLOND, *Louis* Charles Vincent Joseph, comte de Saint-Hilaire
4 septembre 1766, Ribemont (Aisne) /
5 juin 1809, Vienne (Autriche)**

Enfant adoptif du régiment de Conti-Cavalerie commandé par son père, Louis Le Blond est incorporé comme cadet en 1777, à l'âge de onze ans. Sous-lieutenant au régiment d'Aquitaine, il passe au service de la République, comme officier des troupes royales. Le Conseil exécutoire provisoire, établi en vertu de la loi du 15 août 1792, lui témoigne, sous la signature de Rolland, « *une entière confiance dans la valeur, la bonne conduite, le zèle de fidélité à la patrie dont il a donné les preuves dans toutes les occasions* ». Capitaine dans l'armée des Alpes et au siège de Toulon où il rencontre le futur général Bonaparte, il sert dans l'armée d'Italie sous les ordres de Masséna. Il est blessé aux combats de Loano. Général en 1795, il contribue, en appuyant la division du général Vandamme, à la victoire d'Austerlitz par la prise du plateau de Pratzen où il est blessé en donnant l'assaut victorieux. Vainqueur à Iéna, Eylau et Eckmühl, il se voit conférer le grade de grand aigle de la Légion d'honneur. L'Empereur le félicite en lui disant : « *Allons ! Tu as gagné ton bâton de maréchal.* »

La mort ne lui laisse pas le temps de recevoir la distinction promise. À la bataille d'Essling, les 21 et 22 mai 1809, le général de Saint-Hilaire est grièvement blessé en même temps et de la même manière que le maréchal Lannes*, une jambe emportée par l'artillerie ennemie. Un an plus tôt, il avait été nommé comte d'Empire. Ses obsèques ont lieu dans l'église Sainte-Geneviève, conjointement avec celles du maréchal Lannes*, son camarade de combat.
Son nom est inscrit sur la paroi sud de l'arc de triomphe de l'Étoile.

1815, 12 janvier, caveau II

LEGRAND, *Claude* Just Alexandre, comte
23 février 1762,
Le Plessier-sur-Saint-Just (Oise) /
9 janvier 1815, Paris

Caporal dans le régiment Dauphin-Infanterie depuis huit ans, Claude Legrand entre dans la garde nationale de Metz, comme simple soldat, en 1790. Chef d'un bataillon de volontaires en 1791, il devient général de brigade deux ans plus tard. Il fait deux mille prisonniers à Düsseldorf en 1795 et combat comme général de division à Hohenlinden, en 1800, sous les ordres du général en chef Moreau. Général commandant la 3e division à Austerlitz sous les ordres de Soult, il participe à la victoire d'Eylau. Point d'appui de la défense française à Aspern, lors de la coûteuse bataille d'Essling, il commande le 2e corps d'observation sous les ordres d'Oudinot, sur l'Elbe. Il soutient l'arrière-garde pendant la retraite de Russie, puis est grièvement blessé à l'épaule lors du passage de la Bérézina, le 28 novembre 1812. Comte d'Empire depuis 1808, il est nommé sénateur une fois rentré en France. Pendant la campagne de France, il repousse l'ennemi qui assiège Chalon-sur-Saône, le 8 février 1814.
Le 11 avril 1814, à Gent (Gand), Legrand prête serment à Louis XVIII. Il est promu au grade de lieutenant général des armées du roi et nommé chevalier de l'ordre de Saint-Louis. En 1815, il meurt des séquelles de ses blessures reçues au passage de la Bérézina, après avoir prononcé ces dernières paroles : « *Je puis mourir ; je laisse un fils qui sera, comme son père, fidèle au roi, à l'honneur et à sa patrie.* »
Son nom est inscrit sur la paroi est de l'arc de triomphe de l'Étoile.

1808, 8 avril, caveau V

MALHER, *Jean-Pierre* Firmin, comte
29 juin 1761, Paris /
13 mars 1808, Valladolid (Espagne)

Soldat au régiment de Neustrie en 1777, Jean-Pierre Malher sert dans les troupes embarquées sur le vaisseau *La Couronne* deux ans plus tard. Sergent en 1780, puis mis en congé, il s'engage comme caporal dans la garde nationale de Paris.
Officier républicain dans l'armée du Nord, il combat en Hollande, puis pour le compte de la jeune République batave, comme chef d'état-major du général Vandamme.
Général, il est blessé à la bataille de Marengo, le 14 juin 1800. Il est promu officier de la Légion d'honneur en reconnaissance de ses victoires durant la campagne d'Italie. Commandant la 13e division militaire à Rennes, il rejoint le 2e corps d'observation de la Gironde, commandé par le général Dupont, et participe à la campagne d'Espagne.
Napoléon – qui a écrit que « *Legrand et Malher étaient doux comme des enfants* », mais que « *Malher avait trop soif d'argent* » – le fait comte d'Empire en 1808, un mois avant sa mort. Malher est tué par un jeune conscrit qui avait oublié une baguette de chargement à l'intérieur de son fusil. Après l'exercice, au cours de l'inspection des armes, le coup part : la baguette lui transperce le crâne.
Son nom est gravé sur le côté nord de l'arc de triomphe de l'Étoile. Seul son cœur repose au Panthéon.

1811, 2 avril, caveau III

MARERI, Ippolito Antonio *Vicenti*, cardinal
20 janvier 1738, Rieti (Italie) / 22 mars 1811, Paris

Évêque de Sabina, en Italie, Vicenti Mareri est nommé cardinal et chargé de l'économie au collège du Vatican, à Rome. Titulaire de l'archevêché de Corinthe, il est également nonce apostolique en Espagne. En 1796, il est légat du pape à Bologne lors de l'invasion de l'Italie par les troupes françaises. Durant la République romaine, il est incarcéré à la prison des Converties d'où il est libéré grâce à une somme importante versée au général Delamagne par son compagnon de captivité, le marquis Gabriele Vicentini.
Il participe à l'élection de Pie VII lors du conclave qui se réunit du 1er décembre 1799 au 14 mars 1800. Artisan du mariage de Napoléon Ier et de Marie-Louise d'Autriche, il bénit leur union le 2 avril 1810, en fermant les yeux sur le divorce de l'Empereur.
Mareri meurt le 22 mars 1811. Le service funèbre est célébré en l'église Saint-Thomas-d'Aquin, en commun avec les obsèques du cardinal Erskine of Kellie*. Réclamé par ses proches, le corps du cardinal quitte Paris pour Rome, le 22 août 1861.

1809, (?) juillet, caveau III

MORARD, *Justin* Bonaventure, comte de Galles
30 mars 1741, Goncelin (Isère) / 23 juillet 1809, Guéret (Creuse)

Justin MORARD de GALLES

Gendarme de la garde royale en 1752, Justin Morard obtient son transfert dans la marine à Brest le 30 mars 1757. Il sert contre les Anglais en Nouvelle-France (Canada) en 1763. Il rejoint les comtes de Grasse et de Guichen pour appuyer les *insurgents* américains durant la guerre de l'Indépendance. Il force le blocus de Chesapeake Bay en octobre 1781, contribuant au succès de Yorktown. En 1784, il sert sur le *Marseille*, ce même navire qui en 1792 deviendra le *Vengeur du peuple**.
Contre-amiral en 1792, Morard devient vice-amiral après la grande défection de la presque totalité des officiers de la marine royale, et doit faire face à la première d'une série de mutineries des équipages, au cours d'une croisière d'entraînement entre Groix et Belle-Île. Compromis dans les mutineries de Quiberon, il est destitué par mesure de sûreté générale par le représentant du peuple Jean Bon-Saint-André, avec les officiers Le Large et Kerguelen. Il est emprisonné comme suspect et libéré par les événements du 9 Thermidor. Réintégré dans son grade par la réaction thermidorienne, il prend le commandement de l'armée navale à Brest en 1795.
Malgré ses piètres états de service, l'amiral Morard de Galles est nommé sénateur en 1799. Il est également élevé à la dignité de grand officier de la Légion d'honneur et fait comte d'Empire en 1808.
Seul son cœur repose au Panthéon.
Initié franc-maçon à Brest en 1780.

Le comte ORDENER, en costume de sénateur, par Henri François Riesener.

1811, 4 septembre, caveau II

ORDENER, *Michel* Ortner, comte, dit
2 septembre 1755, Saint-Avold (Moselle) / 30 août 1811, Compiègne (Oise)

Fils de meunier, troisième d'une famille de cinq enfants, Michel Ordener est engagé volontaire à dix-sept ans dans la légion de Condé. Adjudant de dragons, puis des chasseurs de Franche-Comté au moment de la Révolution, il sert aux armées du Rhin et de la Moselle, devient capitaine en 1793, puis colonel trois ans plus tard.
En 1799, il est blessé de huit coups de sabre, de trois coups de feu et d'un tir d'artillerie. En 1800, il obtient le commandement des grenadiers à cheval de la garde consulaire. Promu général de brigade en 1803, à la tête du 26e régiment de dragons, il est chargé par le maréchal Berthier de l'enlèvement du duc d'Enghien à Ettenheim (Allemagne), en territoire neutre – ce dont lui et Caulaincourt* s'acquittent avec zèle. Une parodie de procès, commandée par Bonaparte, aboutit à la condamnation d'un innocent qui est exécuté nuitamment, le 20 mars 1804, par les gendarmes du Premier Consul dans les fossés du fort de Vincennes.
D'après les *Mémoires d'une femme de qualité sur le Consulat et l'Empire*, « *Ordener, officier de fortune, avait acquis ses grades le sabre à la main, et ne connaissait que la discipline militaire. Aucune considération ne l'arrêtait [...]. Il avait cette indifférence pour l'avenir, cet oubli facile du passé, qui mettent un homme à l'abri des remords*[1] ». Général de division après Austerlitz, Ordener quitte le service armé à cause de ses multiples blessures. Il est admis au Sénat en 1806, devient comte d'Empire en 1808, puis il est nommé premier écuyer de l'impératrice et gouverneur du palais de Compiègne.
En 1814, son fils Michel défend Paris, avec le maréchal Moncey, contre les Alliés. Le nom des généraux Ordener, père et fils confondus dans le même hommage, est gravé sur le côté ouest de l'arc de triomphe de l'Étoile.
À cause de la grande taille du défunt (plus de deux mètres), la légende voudrait que le général reposât dans une crypte particulière, perpendiculaire aux autres : le visiteur peut constater que la stature de Michel Ordener ne change en rien l'ordonnancement des sépultures du Panthéon. Celle du général est simplement placée sous le soupirail aérant le caveau, comme pour fermer la ruelle menant au fond du sépulcre.

1. Éd. Ghislain de Diesbach, Paris, Mercure de France, « Le temps retrouvé », 2004, p. 372.

1809, (?) février, caveau V

PAPIN, *Jean-Baptiste*, comte de Saint-Christau
10 décembre 1756, Aire-sur-l'Adour (Landes) / 3 février 1809, Benquet (Landes)

Avocat à Aire-sur-l'Adour, Jean-Baptiste Papin est également receveur des finances de la ferme générale. Resté dans l'ombre, il se rallie à Bonaparte à la suite du coup d'État du

18 brumaire. Il est élu député des Landes au Conseil des Anciens le 4 nivôse an VIII (25 décembre 1799). Élément docile du Corps législatif depuis le 12 pluviôse an XII (2 février 1804) où il vote régulièrement avec la majorité conservatrice, il est nommé sénateur en 1805. Il reçoit le titre de comte de Saint-Christau (hameau de la commune de Benquet près de Mont-de-Marsan) le 8 mai 1808.

1808, 22 février, caveau IV

PERRÉGAUX, *Jean-Frédéric*
4 septembre 1744, Neuchâtel (Suisse) /
17 février 1808, Viry-Châtillon (Essonne)

Commis d'agent de change pour le compte d'une banque suisse, Jean-Frédéric Perrégaux fonde en 1778 son propre établissement à Paris, avec la protection de Nicolas Beaujon, banquier bordelais et receveur général des finances à La Rochelle. Électeur au tiers état pour le district parisien de Saint-Magloire et capitaine de la 1re compagnie de fusiliers de la garde nationale en 1791, il est chargé par Danton de rechercher les faussaires en assignats. Il fait fortune en spéculant sur la nouvelle monnaie de papier. Ami des Girondins, il n'est pas inquiété, malgré la découverte, dans les papiers de Danton, de documents prouvant son rôle dans la remise de sommes importantes venant du gouvernement anglais à des individus chargés « *de souffler le feu aux Jacobins et de les pousser au paroxysme de la fureur* ». Malgré son arrestation en septembre 1793 pour corruption d'un gendarme et en dépit de l'exécution des Girondins, il est maintenu en place par Robespierre. Après Thermidor, il est en Suisse et réalise d'importants bénéfices en spéculant, comme son successeur Emmanuel Crétet*, sur les biens nationaux confisqués aux émigrés. En dépit de sa mise sous surveillance par le ministre de la Justice Claude Regnier*, il est nommé sénateur le 25 décembre 1799 par Bonaparte en reconnaissance de son aide financière apportée au coup d'État du 18 brumaire. Chargé par le Premier Consul de la création d'un établissement financier « indépendant », il devient, le 18 janvier 1800, le premier président du conseil de régence de la Banque de France. Méfiant, Napoléon Bonaparte lui refuse le titre de gouverneur, qu'il accordera à Crétet*.

Claude PETIET

1806, 27 mai, caveau V

PETIET, *Claude* Louis
9 février 1749, Châtillon-sur-Seine
(Côte-d'Or) / 26 mai 1806, Paris

Fils du lieutenant général du bailliage de Châtillon, Claude Petiet entre dans la gendarmerie du roi. Ses talents d'administrateur comme subdélégué général de l'intendance lui permettent d'éviter les émeutes au cours des famines qui sévissent en Bretagne en 1774. En 1790, élu procureur général syndic d'Ille-et-Vilaine, il contribue à la défense de Nantes contre l'armée catholique et royale. Fait prisonnier par les Vendéens, il suscite l'admiration de ses ennemis, qui le libèrent. Député du département de l'Ille-et-Vilaine au Conseil des Anciens en 1795, il est nommé, l'année suivante, ministre de la Guerre. Son premier travail ministériel consiste à améliorer l'approvisionnement des subsistances militaires : il supprime le

gaspillage, la concussion, la corruption des fourriers et la prévarication des fonctionnaires, luttant ainsi contre les séditions et les désertions. En deux ans, les effectifs militaires étaient passés de sept cent trente mille à trois cent quatre-vingt mille hommes à la suite des désertions. Il rétablit l'équilibre par sa gestion rigoureuse et par l'amélioration du rendement des réquisitions. Les offensives peuvent alors reprendre sur tous les fronts. Le modèle d'administration qu'il instaure servira à ses successeurs.
En 1802, Petiet administre la République cisalpine, créée à la suite des campagnes de Moreau et de Bonaparte en Lombardie. Il suit Napoléon à Austerlitz. En 1805, utilisant ses compétences d'organisateur intègre, l'Empereur le nomme intendant général de la Grande Armée, au camp de Boulogne, afin de préparer l'invasion de l'Angleterre. Grand officier de la Légion d'honneur, il est nommé sénateur le 19 mai 1806, une semaine avant sa mort.

Jean-Étienne PORTALIS, par Pierre Gautherot.

1807, 29 août, caveau V

PORTALIS, *Jean-Étienne* Marie
1er avril 1746, Le Beausset (Var) /
25 août 1807, Paris

Élève des oratoriens, juriste, Jean-Étienne Portalis est avocat au parlement d'Aix-en-Provence en 1765. En 1770, sur la demande du secrétaire d'État Choiseul, il établit le statut juridique des protestants et fait reconnaître la validité de leur mariage. Il prépare les textes qui aboutissent, en 1787, à l'Édit de tolérance de Louis XVI : désormais, le droit de cité est accordé aux sujets ne se réclamant pas de la religion catholique. Il accueille avec modération les idées de la Révolution. Arrêté en 1793, il est libéré après les événements du 9 Thermidor. Président du Conseil des Anciens en 1796, il s'oppose à la déportation des prêtres n'ayant pas prêté serment à la Constitution civile du clergé. Il est proscrit par le coup d'État du 18 fructidor, qui le condamne à la déportation en Guyane ; il est caché à Passy par le banquier Benjamin Delessert. Reconnaissant l'esprit conciliateur de Portalis, le Premier Consul le charge de préparer les articles de la paix d'Amiens (mars 1802), qui met fin aux hostilités entre la France et la seconde coalition conduite par l'Angleterre. Nommé directeur (1801) puis ministre des Cultes (de 1804 à sa mort), Portalis voit dans le rétablissement de la religion catholique un facteur d'équilibre social, de maintien des lois morales, de développement de l'éducation et de l'instruction par l'enseignement du catéchisme. Il est, avec le cardinal Caprara*, l'artisan du concordat promulgué solennellement le 18 avril 1802. Pendant le Consulat, il convainc le Sénat d'accepter l'établissement du régime impérial. Sous la direction du jurisconsulte François Tronchet*, il participe à la rédaction du Code civil, particulièrement des articles régissant les questions religieuses. Il est élu en 1803 à l'Académie française.
Vénérable de la loge L'Étroite Persévérance des Amis réunis, puis membre de la loge L'Amitié à Aix-en-Provence (Bouches-du-Rhône).

1814, 28 juin, caveau II

REGNIER, *Claude* Ambroise,
duc de Massa et Carrara
6 avril 1736, Blamont (Meurthe-et-Moselle) / 24 juin 1814, Paris

Fils d'un négociant, receveur du roi après des études de droit à l'université protestante de Strasbourg, Claude Regnier est avocat à Nancy, avant d'être élu député aux états généraux de 1789. Comme Antoine-César de Choiseul-Praslin*, il approuve la répression des insurgés de Châteauvieux, à Nancy, par le marquis de Bouillé et Jean Jacqueminot*, en août et septembre 1790. Dans le débat sur la peine de mort ouvert par Condorcet* et Le Peletier de Saint-Fargeau*, il en réclame le maintien pour les falsificateurs d'assignats.
Accusé de fédéralisme et d'aristocratie, il est emprisonné à Nancy, puis libéré par le 9 Thermidor. Commissaire aux armées des Vosges et du Rhin, il est élu député de la Meurthe au Conseil des Anciens sous le Directoire. En 1799, il participe à la réunion préparatoire du coup d'État du 18 brumaire chez Lemercier, président du Conseil des Anciens. Pour faciliter l'action de Murat en cas de réticence des députés et sénateurs, Regnier propose au Conseil des Anciens le déplacement des Chambres de Paris au château de Saint-Cloud. En récompense, le Premier Consul le nomme au Conseil d'État, où il est chargé de l'administration des domaines nationaux. Rapporteur de la loi d'amnistie sur les émigrés, il est nommé Grand Juge (ministre de la Justice) et travaille en relation étroite avec Joseph Fouché, titulaire du ministère de la Police, ministère rétabli devant l'incapacité de Regnier à faire face au cumul des charges. Commissaire pour la rédaction du Code civil avec Portalis*, Treilhard* et Tronchet*, il est nommé duc de Massa en 1809. En 1814, alors président du Corps législatif, il approuve la déchéance de l'Empereur.
Franc-maçon affilié à la loge L'Impériale des francs-chevaliers à Paris. Grand officier d'honneur du Grand Orient de France.

1807, 12 octobre, caveau V

RESNIER, *Louis-Pierre* Pantaléon
23 novembre 1759, Paris / 8 octobre 1807, Paris

Homme de lettres, sous-secrétaire à la bibliothèque Mazarine, Louis-Pierre Resnier est critique théâtral et littéraire au *Moniteur*, journal officiel de la République et de l'Empire. Grâce à l'appui de Maret, président de la section de l'Intérieur au Conseil d'État, futur duc de Bassano et de Rœderer, conseiller d'État, futur sénateur, il obtient une mission diplomatique à Genève, dont il s'acquitte avec zèle. À son retour, il est nommé directeur des archives du ministère des Relations extérieures (ministère des Affaires étrangères) où il met en place un système de classification parfait. Il est nommé sénateur le 24 décembre 1799 et promu commandeur de l'ordre de la Légion d'honneur en 1804.

Claude REGNIER, par Robert Lefèvre.

1814, 10 mars, caveau IV

REYNIER, *Jean-Louis* Ebénézer, comte
14 janvier 1771, Lausanne (Suisse) /
27 février 1814, Paris

Élève aspirant suisse à l'École des ponts et chaussées en 1790, Jean-Louis Reynier est engagé volontaire comme canonnier en 1792 au bataillon parisien du Théâtre-Français. Il suit Dumouriez à Jemmappes et, sous les ordres de Pichegru, se distingue à Menen (Menin) et à Kortrijk (Courtrai), mais se voit rappelé comme ingénieur des fortifications, afin de consolider les défenses de La Plaine-Saint-Denis.
En 1794, il refuse une première fois le grade de général que lui propose le représentant du peuple Richard, alléguant son trop jeune âge. Après la conquête de la Hollande, il est nommé général de division et participe à l'expédition d'Égypte, contribue à la prise de Malte et soutient, avec Desaix, l'assaut des mameluks à la bataille des Pyramides (21 juillet 1798), les écrase à Salahieh et les disperse dans le désert. En Syrie, il défait vingt mille Turcs en leur subtilisant la totalité des subsistances destinées à la garnison d'El Arisch, sauvant ainsi le corps expéditionnaire français de la famine. En 1800, il taille en pièces les janissaires retranchés dans Matarieh, déterminant ainsi la victoire de Kléber à Héliopolis.
Reynier est rendu responsable, par le général Menou, de la défaite d'Alexandrie en 1801 et il est renvoyé à Paris. Ministre de la Guerre et de la Marine de l'éphémère royaume de Naples, il remplace Jourdan au commandement de l'armée du petit royaume par ordre de Joseph Bonaparte. Comte d'Empire en 1811, il participe à la campagne d'Espagne, où il est vainqueur à Sabugal contre les Anglo-Portugais. Commandant le corps des Saxons pendant la campagne de 1813, il est trahi par ses soldats qui le livrent à l'ennemi à Leipzig. Échangé contre des prisonniers ennemis, il revient de Russie pour mourir à Paris.
Son nom est inscrit sur la paroi sud de l'arc de triomphe de l'Étoile.

1813, 11 novembre, caveau II

ROUSSEAU, *Jean*, comte
13 mars 1738, Witry-lès-Reims (Marne) /
7 novembre 1813, Châtillon-sous-Bagneux (Hauts-de-Seine)

Fils d'un viticulteur champenois, Jean Rousseau fait ses études chez les oratoriens dont il intègre la congrégation. Il est ensuite précepteur des enfants du duc d'Aiguillon, ministre de Louis XV. Professeur de mathématiques, il enseigne à Nantes où l'ordre possède un établissement scolaire.
Acquis aux idées de la Révolution, Rousseau rédige le *Discours préliminaire du résumé général du cahier de doléances des bailliages.* Il est membre de la Commune de Paris après les événements du 10 août 1792, puis est élu député suppléant de la Seine à la Convention. Arrêté pour s'être opposé à Robespierre, il est sauvé par le 9 Thermidor. Demandant sa réintégration comme député titulaire à la Convention, il est ajourné par suite d'une motion de défiance déposée par la section de la Fontaine-de-Grenelle. Dans une lettre adressée aux membres de cette section, il justifie son attitude comme membre de la Commune et son incarcération comme opposant à Hanriot. Commissaire aux comptes au Conseil des Anciens, il vote contre les élections à Saint-Domingue. Il est nommé sénateur en 1799 après avoir rejoint Bonaparte avec enthousiasme lors du 18 Brumaire. En 1808, il est créé comte d'Empire et promu commandeur de la Légion d'honneur.
Seule sa dépouille repose au Panthéon. Son cœur, conservé dans une urne, est resté dans sa famille à Witry.

1809, (?) septembre, caveau III

SERS, Hyacinthe *Jean-Pierre*, comte
10 mai 1746, Terre-Clapier (Tarn) /
16 septembre 1809, Montredon (Tarn)

Après des études à Sorèze, dans le Tarn, Jean-Pierre Sers s'installe comme négociant et armateur à Bordeaux. Officier municipal, il est

élu député de la Gironde en 1791 à l'Assemblée législative. Partisan des réformes avec modération et tolérance, il réprouve les discours enflammés de son ami Jean Bon-Saint-André qui entraîne la foule à des excès regrettables. Résidant place des Piques (actuelle place Vendôme), il dénonce en ces termes les exactions populaires dont il est témoin en 1792 : « *Le peuple s'occupe en ce moment d'abattre toutes les statues qui se trouvent dans les différentes places publiques. Ces opérations, confiées à des mains imbéciles, peuvent occasionner de grands malheurs. Je demande que les commissaires des sections soient chargés d'envoyer des ingénieurs ou des architectes pour présider à ces travaux*[1]. »
En plus du souci de sécurité, l'exigence de conservation d'un patrimoine inestimable anime le député. Ami de Vergniaud et de Gensonné, il fréquente le salon de Mme Roland, qui le juge « *trop honnête* ». Dès le remplacement de l'Assemblée législative par la Convention, il rentre à Bordeaux, ville dont il devient le maire, jugeant le port d'Aquitaine plus sûr que Paris. Il est néanmoins plusieurs fois accusé de spéculation sur les grains. En 1793, il participe à l'arrestation des Girondins, échappant ainsi aux suspicions de la Montagne. Par respect de l'ordre, il approuve le coup d'État du 18 brumaire et devient sénateur en 1799. Il est promu commandeur de la Légion d'honneur le 13 juin 1804. Comte d'Empire en 1808, il est également membre du consistoire de l'Église réformée.
Seul son cœur repose au Panthéon.
Franc-maçon, grand hospitalier du Grand Orient de France en 1804.

1811, 5 janvier, caveau III

SONGIS DES COURBONS, *Nicolas-Marie*, comte
23 avril 1761, Troyes (Aube) / 27 décembre 1810, Paris

Élève au corps royal d'artillerie en 1779, Nicolas Marie Songis des Courbons sert la Révolution comme lieutenant au 4e régiment d'artillerie de Grenoble. Il rejoint l'armée d'Italie. Capitaine en 1797, il devient chef d'état-major de l'artillerie de l'armée d'Angleterre à Douai, l'année suivante. En 1799, à la suite de la prise de Jaffa et du siège de Saint-Jean-d'Acre, il est nommé général de brigade par Bonaparte puis, en 1800, il devient général de division. Rentré en France en 1801, il prend le commandement de l'artillerie de la garde consulaire. « *Songis, général de brigade d'artillerie, petit, grand nez, figure oblongue étroite par le bas* » : voilà son portrait tel que le brosse à grands traits le général Desaix dans son journal de voyage. En 1805, premier inspecteur général d'artillerie, il commande l'artillerie de la Grande Armée, puis est décoré la même année du grand aigle de la Légion d'honneur. Il dirige l'artillerie de l'armée d'Allemagne en 1809, jusqu'à son remplacement par Lariboisière, le 15 juin, pour raison de santé. La même année, il est fait comte d'Empire.
Son nom est inscrit sur la façade est de l'arc de triomphe de l'Étoile.

1815, (?) février, caveau II

THÉVENARD, *Antoine* Jean Marie, comte
7 décembre 1733, Saint-Malo (Ille-et-Vilaine) / 9 février 1815, Paris

En 1746, à treize ans, Antoine Thévenard débute sa carrière comme officier de la marine royale, sur le *Neptune*, navire commandé par son père. En 1754, il dirige une expédition chargée de protéger les morutiers français à Terre-Neuve contre les attaques des Inuits. Surveillant et architecte naval, il construit les deux premières canonnières françaises. Il est chef d'escadre en 1784. Il remplace Claret*, comte de Fleurieu, au ministère de la Marine, en 1791, sur ordonnance de Louis XVI. Commandant du port de Brest la même année, il constate, dans un rapport produit à l'Assemblée, le piteux état de la marine, qui est la « *grande victime de la Révolution* » : défection de mille deux cents officiers passés à l'émigration sur les mille six cent cinquante-neuf aptes au commandement, séditions des équipages, agitation des ouvriers des arsenaux, stratégies

1. Intervention de Jean-Pierre Sers à l'Assemblée, le samedi 11 août 1792 (à sept heures du matin).

obsolètes, etc. Il ne reste plus que cinq amiraux sur quarante-deux qui s'opposent en clans, quarante-deux capitaines de vaisseau sur cent soixante-dix et trois cent cinquante-six lieutenants sur six cent trente. Pour combler ces vides, Thévenard fait appel aux officiers du commerce, aux pilotes, aux officiers mariniers, à de simples matelots et aux officiers retraités ; les carrières sont fulgurantes, tant les besoins sont pressants. Victime des rivalités internes au corps maritime, il renonce à ses fonctions pour reprendre un commandement portuaire à Toulon, en 1792, comme vice-amiral.

Thévenard est incarcéré comme suspect en 1793 et innocenté par le représentant du peuple Jean Bon-Saint-André. Devenu amiral, il est chargé par le Directoire de la restauration du port de Toulon, en 1796. S'étant acquitté de la mission avec succès, il est nommé commandant du port de Rochefort.

En 1800, il est l'auteur méconnu de *Mémoires relatifs à la marine.*

Rallié à l'Empire, il est élevé à la dignité de grand officier de la Légion d'honneur en 1804, et fait comte en 1810. Cette année-là, il devient également membre du Sénat. Après les Cent-Jours, il approuve la déchéance de Napoléon Ier et entre à la Chambre des pairs lors de la Restauration. Il est décoré de l'ordre royal et militaire de Saint-Louis le 27 décembre 1814.

Franc-maçon de la loge L'Union à l'Orient de Lorient (Morbihan).

1810, 5 décembre, caveau III

TREILHARD, *Jean-Baptiste*, comte
3 janvier 1742, Brive-la-Gaillarde (Corrèze) / 1er décembre 1810, Paris

Jean-Baptiste TREILHARD

Après une brillante carrière d'avocat sous l'Ancien Régime, Jean-Baptiste Treilhard est député du tiers aux états généraux de 1789. Il fait partie du Conseil ecclésiastique qui présente, le 17 décembre de cette même année, un rapport proposant la suppression des ordres religieux avec le retour de leurs biens à la nation et vote pour la Constitution civile du clergé. En 1790, il est élu président de l'Assemblée constituante. Orateur convaincant, il est l'élément qui détermine l'inhumation des cendres de Voltaire* au Panthéon en appuyant la demande présentée par Regnaud de Saint-Jean-d'Angély. Président du tribunal civil et criminel, il est le premier magistrat durant une partie du procès de Louis XVI, qu'il déclare coupable de conspiration contre la liberté publique et d'attentats contre la sûreté générale de l'État. En 1796, il fait adopter le principe de l'échange de la fille de Louis XVI, Marie-Thérèse, future duchesse d'Angoulême, contre les commissaires aux armées trahis et livrés aux Autrichiens par le général Dumouriez, passé à l'ennemi.

En 1797, le Directoire le nomme ministre plénipotentiaire au congrès de Rastatt. Président du Conseil des Cinq-Cents, il devient membre du Directoire en remplacement de François de Neufchâteau. À la suite du coup d'État du

18 brumaire, il est vice-président du tribunal d'appel de Paris. Il préside la section de législation au Conseil d'État, en 1802, et participe à la rédaction du Code civil, du Code criminel et du Code de commerce, en collaboration étroite avec le jurisconsulte François Tronchet*. Grand officier de la Légion d'honneur en 1804, il est fait comte d'Empire quatre ans plus tard.

1806, 17 mars, caveau V

TRONCHET, *François* Denis
23 mars 1726, Paris / 10 mars 1806, Paris

Fils d'un procureur au parlement de Paris, François Tronchet est inscrit au tableau des avocats en 1745. Affecté d'une voix au timbre presque inaudible, il devient néanmoins bâtonnier de l'Ordre des avocats et député du tiers aux états généraux de 1789.
Juriste clairvoyant, il participe à la réforme des tribunaux après l'abolition des juridictions d'Ancien Régime. Équilibrant judicieusement les apports du droit coutumier avec la rigueur d'inspiration romaine des nouvelles lois, il est favorable comme Démeunier*, qui en deviendra le premier président, à un tribunal de cassation agissant comme une Cour suprême (c'est Tronchet qui la nomme ainsi). Soucieux d'équité, il est un des premiers juristes à s'opposer à tout effet rétroactif d'une loi nouvellement votée. Reconnaissant au peuple le droit de légiférer et de réviser la Constitution, il propose d'attendre un délai de trente années avant de la modifier. Il est le magistrat instructeur chargé d'enquête après l'arrestation de la famille royale à Varennes, et refuse les propositions de Barère et de Robespierre visant à traduire le roi devant un tribunal de droit commun. Il prépare, avec de Sèze et Malesherbes, la défense de Louis XVI pour le procès par la Convention qui conduira le souverain à l'échafaud. Pendant la Terreur, il se retire dans sa maison de Palaiseau.
Le 9 Thermidor lui permet un retour discret : Tronchet est élu au Conseil des Anciens en 1795 et en devient le président. À partir de 1800, il préside la commission chargée par le Premier Consul de la rédaction du Code civil : celle-ci réunit notamment Vermeil et Crassou, puis Portalis*. Sénateur de la Somme en 1803, il est promu commandeur de la Légion d'honneur l'année suivante.
Le résultat de cinquante années de travaux juridiques est légué, sous forme de Mémoires intitulés *Consultations*, à son ami Poirier.
Tronchet est l'auteur d'un *Caton* et d'un *Tableau sur l'établissement du mahométisme.*

François TRONCHET

1809, 31 mars, caveau III

VIEN, *Joseph* Marie, comte
18 juin 1716, Montpellier (Hérault) /
27 mars 1809, Paris

Élève de Natoire et de Parrocel, Joseph Vien exécute des costumes, des décors pour les chariots des mascarades romaines, des peintures pour les églises, et obtient le prix de Rome en 1743 et celui de l'Académie en 1745.

Le jeune artiste séjourne en Italie pendant la grande campagne de fouilles d'Herculanum et de Pompéi, de 1743 à 1750. En 1752, il réalise le *Martyre de sainte Catherine*, installé dans la chapelle Saint-Landry, dans la travée latérale nord de la nef de la cathédrale Notre-Dame de Paris. Reçu à l'Académie en 1754, grâce à l'intervention de Boucher, sur la présentation de *Dédale et Icare,* il devient le peintre à la mode, créateur du néoclassicisme. En 1775, il remplace Natoire à la direction de l'Académie de France à Rome pour une durée de sept ans. Premier peintre du roi en 1788, professeur de Louis David, il impose l'étude du modèle vivant. Jaloux de son élève, il l'empêche de recevoir les lauriers du prix de Rome qu'il avait obtenu. Son œuvre la plus reconnue par certains, *La Résurrection de Lazare*, était disposée dans l'église Saint-Roch à Paris, mais *La Marchande d'amours* (1763), tableau inspiré d'une fresque de Pompéi et exposé au musée de Fontainebleau, reste son œuvre la plus célèbre. Entre 1779 et 1781, il réalise pour la manufacture des Gobelins des cartons aux sujets édifiants inspirés des récits de l'Antiquité. Si la Révolution l'ignore, l'Empire au contraire le fait sénateur puis comte (1808). Considéré comme le « *restaurateur de l'art* », il est le premier artiste à recevoir, à sa mort, les honneurs du Panthéon.

Joseph VIEN

1813, 25 octobre, caveau II

VIRY, *François* Marie Joseph Justin, comte de
1er novembre 1736, Viry (Haute-Savoie) / 23 octobre 1813, Paris

Issu d'une famille aristocratique de Savoie, François de Viry est gentilhomme de la chambre du roi de Sardaigne en 1765. Montrant des qualités diplomatiques incontestables, il est nommé ambassadeur du Piémont à La Haye, Londres puis Madrid[1]. En 1769, il négocie avec succès, à Paris et à Madrid, le mariage du comte de Provence (futur Louis XVIII) avec Marie-Joséphine de Savoie et celui du comte d'Artois (futur Charles X) avec Marie-Thérèse, également princesse de Savoie. Après le coup d'État du 18 brumaire, il se met au service de Bonaparte. Il est nommé préfet de l'éphémère département de la Lys, créé par les avances des armées républicaines en terre batave dans le but de donner à la France des frontières naturelles au nord. Chambellan de l'Empereur, il est nommé sénateur le 4 février 1804 et comte d'Empire le 26 avril 1808.

1814, 13 juillet, caveau IV

WALTHER, *Frederik* Henry, comte
20 juin 1761, Obenheim (Bas-Rhin) / 24 novembre 1813, Kussel (Allemagne)

Fils de pasteur, élevé dans la confession d'Augsbourg, Frederik Walther s'engage en 1781 dans les hussards de Bercheny et devient officier grâce à la Révolution. Son ascension est fulgurante : capitaine à Neerwinden en 1793, il devient général dans l'armée des Alpes la

1. Au XVIIIe siècle, le duc de Savoie – pays dont les États s'étendaient de part et d'autre des Alpes (comprenant notamment les actuels départements français de la Savoie et de la Haute-Savoie) et dont la capitale était Turin – devint également roi de Sardaigne (1718). Ce double statut trouva sa résolution dans la création d'un royaume de Piémont-Sardaigne (1847), lui-même à l'origine du royaume d'Italie (1861).

Le comte WALTHER, par Robert Lefèvre.

même année, commandant la cavalerie sous les ordres d'Augereau. Il organise l'approvisionnement en chevaux pour la cavalerie, et en mulets pour l'artillerie de l'armée d'Italie en centralisant la logistique à Vienne, dans l'Isère. Il est blessé à Hohenlinden en combattant contre les Autrichiens et échappe à la désastreuse expédition de Saint-Domingue, qui voit la perte de vingt-cinq mille hommes. Blessé à nouveau à Austerlitz, il participe aux combats de Wagram où il commande la cavalerie de la Garde.
Chambellan en 1806, Walther est élevé à la dignité de grand aigle de la Légion d'honneur, puis nommé comte d'Empire en 1808. Le général Rapp le désigne comme membre laïc au consistoire de l'Église luthérienne de Paris. Surnommé « le Balafré », à causes des nombreuses blessures qui lui tailladent le visage, il conduit les détachements de la garde impériale pendant la campagne d'Espagne et ramène vivants la plupart de ses grenadiers de la meurtrière retraite de Russie. Son nom est gravé sur la façade est de l'arc de triomphe de l'Étoile.

1812, 6 juin, caveau IV

WINTER, *Jean-Guillaume* de
23 mars 1761, Kampen (Pays-Bas) /
2 juin 1812, Paris

Fils de colonel, Jean-Guillaume de Winter débute sa carrière militaire en 1769, comme cadet de l'artillerie hollandaise. Il passe aux forces navales en 1777, comme lieutenant des troupes de marine. Il se distingue à la bataille du Dogger Bank le 5 août 1781, mais doit émigrer en France après s'être révolté contre son souverain. Lieutenant de vaisseau à bord du *Prince héréditaire* pour le compte du roi de France en 1787, Jean-Guillaume de Winter quitte la marine cinq ans plus tard et devient lieutenant-colonel des chasseurs à pied de légion franche étrangère. Général de brigade en 1794, il est autorisé l'année d'après, par le Comité de salut public, à servir les armées de la jeune République batave, puis est nommé vice-amiral de la flotte du nouvel état associé à la France.
En 1810, Napoléon Ier lui offre le commandement de l'escadre du Texel, appelée ainsi en mémoire de la victoire de Pichegru dont les hussards prirent d'assaut les navires néerlandais bloqués dans les glaces en face de l'île du Texel, en 1794. Louis Bonaparte, roi de Hollande, le fait maréchal de Hollande, comte de Huessen et commandant en chef des armées de terre et de mer.
Seule sa dépouille est inhumée au Panthéon : son cœur repose dans une urne de marbre en l'église de Boven, à Kampen, aux Pays-Bas.

Jean Guillaume DE WINTER

L'église Sainte-Geneviève de la royauté rétablie (1815-1848)

La Restauration ne supprime aucune des dispositions impériales, tout en effaçant les signes extérieurs de décoration rappelant Napoléon. Au rythme des décès, les anciens dignitaires de l'Empire trouvent la place qui leur est assignée dans la nécropole (Regnier*, Walther*, Legrand*, Thévenard*).

Par une ordonnance de 1821, Louis XVIII rend l'édifice au clergé. Le 29 décembre, le chef de l'épiscopat parisien fait déplacer secrètement les cendres des philosophes Voltaire* et Rousseau* dans une petite crypte cachée sous le portique. Le 21 janvier 1822, la consécration de l'église, qui n'avait jamais eu lieu, est réalisée en grande pompe par l'archevêque de Paris.

En 1822, le fronton de Jean-Guillaume Moitte, d'inspiration républicaine et antique, est remplacé par une croix rayonnante, réalisée par Baltard. Antoine Gros substitue Louis XVIII à Napoléon dans la composition picturale du dôme.

En 1829, Charles X, respectant tardivement la volonté de l'architecte, fait inhumer les restes de Soufflot* dans la crypte, mais ne procède à aucune panthéonisation. Le fronton est modifié une fois de plus pour porter une frise et une inscription plus conformes à l'esprit du temps, redevenu catholique, apostolique et romain.

En 1830, avec l'ordonnance de Louis-Philippe, l'édifice reprend sa vocation de nécropole consacrée à l'inhumation des grands hommes. Le roi des Français agrandit la capacité de la crypte à trois cents places et demande que l'inscription *Aux grands hommes, la patrie reconnaissante* figure à nouveau au-dessous du fronton. Les cendres de Voltaire* et de Rousseau* reprennent leur place de part et d'autre du vestibule de la crypte.

Le 29 juillet 1831, pour le premier anniversaire des journées révolutionnaires qui le portèrent au pouvoir, Louis-Philippe, appliquant la loi du 30 décembre 1830, scelle dans la crypte les quatre tables en airain portant les noms des 504 héros reposant dans la colonne de Juillet, panthéonisés avec Benjamin Constant*, François de La Rochefoucauld-Liancourt*, Maximilien Foy* et Jacques-Antoine Manuel* dont les corps ne furent jamais transférés au monument.

Le Panthéon rendu au culte catholique sous la Restauration et redevenu église Sainte-Geneviève.

Le temple de l'humanité (1848-1851)

Les partisans d'une république sociale refusant la fermeture des ateliers nationaux se révoltent contre le gouvernement de Cavaignac. Du 23 au 25 juin 1848, les combats de rue font rage. Le 24 juin, le général Damesme donne l'ordre de cerner le Panthéon, enfermant ainsi les insurgés qui y avaient trouvé refuge. Il fait tirer au canon sur la porte principale qui cède. L'émeute est écrasée, éloignant de Paris le « péril rouge » au bénéfice du « parti de l'ordre ».

Sans qu'il soit procédé à quelque panthéonisation, le décret du 28 juin rend hommage à tous les martyrs de la révolution de 1848, y compris à Mgr Affre, archevêque de Paris, qui trouve la mort en tentant, le 26 juin, de s'interposer entre les belligérants pour éviter un massacre.

Enfin, l'installation durable (après l'expérience pour laquelle il avait été conçu) du pendule de Léon Foucault sous le dôme du Panthéon, le 19 février 1851, honore la science comme valeur exemplaire du progrès de l'humanité.

La basilique nationale du Second Empire (1851-1870)

Le décret du 6 décembre 1851 rend de nouveau le Panthéon au clergé. L'édifice devient à cette occasion la basilique nationale Sainte-Geneviève. Le 3 janvier 1853, Napoléon III restaure le catholicisme comme religion d'État. Le 21 janvier, il réinstalle les reliques de sainte Geneviève dans l'église qui lui est dédiée.

Pendant la guerre franco-prussienne de 1870-1871, au cours du siège de Paris, la silhouette du Panthéon se dresse au-dessus de la ville. Il devient la cible favorite des plus grosses pièces de l'artillerie ennemie. Les Prussiens sont persuadés que le monument recèle un arsenal et une poudrière, alors que les sans-abri des quartiers bombardés trouvent refuge jusque dans les caveaux de la crypte.

Le 31 mars 1871, la Commune plante le drapeau rouge au sommet du fronton. Le 24 mai, le Panthéon qui servait, pour partie, d'entrepôt de subsistances militaires aux fédérés est enlevé par la division Lacretelle. Le 26 mai 1871, le député Millière est fusillé sur l'escalier d'accès au péristyle, entre les deux colonnes centrales. Après le drame de la Semaine sanglante, le sanctuaire s'endort dans une torpeur funèbre.

Le Panthéon républicain (1871-1918)

La République renaissante remet la toiture en état et réinstalle la croix de pierre de 1 500 kilos et de 4 mètres de haut, ajustée sur un socle globulaire au sommet du dôme.

Le nouvel ordre républicain, après dix années d'existence, a besoin d'une mythologie refondatrice de l'État, soutenu par les vertus civiques. Le décès de Victor Hugo* va fournir l'occasion d'une célébration civile unissant le peuple et son gouvernement dans la ferveur républicaine.

Les funérailles nationales sont votées pour la glorification du poète incarnant le renouveau des valeurs issues des philosophes des Lumières et des artisans de la Révolution française : le patriotisme (*Les Soldats de l'an II, Quatrevingt-Treize*), la dénonciation du despotisme (*Histoire d'un crime, Napoléon le Petit*), l'humanisme et la justice sociale (*Les Misérables*), l'abolition de la peine de mort (*Le Dernier Jour d'un condamné*), la famille et le travail (*L'Art d'être grand-père, Les Travailleurs de la mer*), le respect de la personne humaine (*L'Homme qui rit*), la probité politique (*Ruy Blas, Les Quatre Vents de l'esprit*), la laïcité (*Le Pape, Religions et religion*). Le 28 mai 1885, le monument est laïcisé une nouvelle fois sur décision du président Jules Grévy et redevient, par la loi du 19 juillet, le Panthéon honorant les gloires illustres.

En 1889, pour la célébration du centenaire de la Révolution française, la IIIe République envisage la translation de figures emblématiques de la défense de l'idéal républicain. Lazare Carnot*, Lazare Hoche, Alphonse Baudin* et François Marceau* sont choisis pour être honorés au cours de la célébration du 4-Août commémorant l'abolition du régime féodal. La famille du général Hoche refuse de donner son consentement. Le héros est remplacé par Corret de La Tour d'Auvergne*. Le président de la République, Sadi Carnot*, dirige les cérémonies qui voient la sanctification civique de son aïeul.

En 1908, l'État estime que le Panthéon doit être le temple des apothéoses, un lieu de glorification pour les idées qui entretiennent la foi patriotique d'une nation. Il lance un vaste programme d'appel d'offres auprès des sculpteurs, statuaires et peintres lauréats des différents Salons reconnus par les institutions officielles. Les sculptures seront d'inspiration républicaine et les peintures exalteront la foi religieuse, les vertus patriotiques, les souverains, les héroïnes et les héros, ciment symbolique et artisans de l'unité nationale.

S'inspirant de la vénération des reliques saintes, les différents gouvernements nationaux réserveront des cérémonies grandioses aux nouvelles reliques civiles lors de leur transfert en totalité ou par fragments. La pratique du partage des cendres se perpétue pour les dépouilles laïques, comme c'était déjà le cas pour celles des saints de la chrétienté.

Gravure de l'époque révolutionnaire évoquant les panthéonisations de Le Peletier de Saint-Fargeau, Marat et Chalier, tous trois morts pour la liberté ainsi que l'indique le buste allégorique placé au second plan.

Planche éditée pour le centenaire de la Révolution française, montrant les portraits des nouveaux panthéonisés à cette occasion.

Le Panthéon national (de 1919 à nos jours)

Pour la défense de la patrie, toutes les classes sociales se sont fondues dans la fournaise de la Grande Guerre (la Première Guerre mondiale, de septembre 1914 à novembre 1918). Réunis contre l'ennemi commun, aristocrates, bourgeois, ouvriers, paysans, autochtones des pays colonisés offrent leur vie à la République, comme le firent leurs prédécesseurs des armées de l'an II qui se levèrent en masse lorsque la patrie fut en danger. Les plaies sont à peine pansées que la nation, réconciliée avec elle-même, honore ses héros.

En avril 1919, le général Malleterre, soldat écrivain et grand mutilé de guerre, sous l'égide de la Société des gens de lettres et en présence du président de la République, procède à l'appel des cinq cent soixante Écrivains combattants* morts pour la France, au cours d'une cérémonie commémorative. La liste est gravée sur les murs, de part et d'autre de l'abside orientale. L'inauguration des plaques a lieu le 15 octobre 1927.

Le 11 novembre 1920, à la cérémonie d'exposition du cercueil du Soldat inconnu* au Panthéon, le gouvernement associe la translation du cœur de Gambetta*, organisateur en 1870 de la défense nationale de la IIIe République naissante.

Le 19 octobre 1917, les députés avaient proposé que le sacrifice des aviateurs morts en plein ciel de gloire pour la défense de la patrie soit honoré par l'inscription du nom de Georges Guynemer*. Raymond Poincaré dévoile la plaque le 30 avril 1922.

Les cérémonies emblématiques de la réconciliation nationale se succèdent dès l'inhumation de Jean Jaurès*, dont l'assassinat divisa les nationalistes et les pacifistes avant la grande hécatombe de 1914-1918.

Actes politiques équilibrés, les translations des cendres de Jaurès*, Painlevé*, Langevin* et Perrin* réunissent les citoyens dans l'hommage rendu aux hommes politiques fidèles à l'idéal républicain et aux hommes de sciences et de lettres représentant, par leur engagement, l'action civique et humaniste de la France pérenne dans sa mission civilisatrice.

Pendant l'Occupation, le monument s'assoupit en silence, comme pour porter le deuil des réfractaires au Service du travail obligatoire (STO) traqués et emprisonnés, des otages fusillés, des partisans torturés, des juifs et des Tsiganes, hommes et femmes, vieillards et enfants, déportés vers les camps de travail et d'extermination.

À la Libération, le réveil de la nécropole nationale se fait au son de la sonnerie *Aux morts* lorsque reprend, le 11 novembre 1944, la tradition commémorant le sacrifice de cinq cent soixante Écrivains combattants* tombés pour la patrie durant la Grande Guerre.

Une fois la paix civile installée, la nation honore, dès 1949, ceux qui s'opposèrent à la barbarie nazie à la fois par leur action politique et par leurs travaux scientifiques. Le 2 juillet, le président de la République Vincent Auriol dévoile les noms de cent quatre-vingt-dix-sept Écrivains combattants* tombés pendant la Seconde Guerre mondiale : ces noms sont gravés sur les piliers sud de la chapelle du chœur. La démocratie triomphante conduit Paul Langevin* et Jean Perrin* aux marches de l'immortalité. La France résistante rend également hommage, en mai 1949, au premier gouverneur autochtone des colonies, Félix Éboué*, qui a refusé le déshonneur en ouvrant les portes et les réserves en hommes de l'« Empire » au « Premier résistant », Charles de Gaulle. La IVe République affirme la pérennité de sa mission émancipatrice en y associant la panthéonisation de Victor Schœlcher*, libérateur des esclaves.

L'apothéose est atteinte, en 1964, sous la Ve République décolonisatrice, au moment de la translation des cendres de Jean Moulin*. Avec lui, tous les anonymes de « l'armée des ombres », femmes et hommes, rejoignent les héros honorés par la République pour sa défense et sa sauvegarde.

Élu président de la République le 10 mai 1981, François Mitterrand veut à la fois marquer la rupture avec les premiers successeurs de Charles de Gaulle et montrer la filiation qui le relie au socialisme de Jaurès*. Le 21 mai 1981, immédiatement après son investiture au palais de l'Élysée, il associe ceux dont il se réclame, Schœlcher*, Moulin* et Jaurès*, en déposant une rose rouge sur chacun des tombeaux au cours d'une cérémonie d'intronisation empreinte des fastes républicains. Dans cette cérémonie de la mémoire, le Panthéon reprend la fonction que lui avait assignée la Révolution française : honorer les valeurs exemplaires de l'unité nationale.

Mais la France n'est plus seule dans sa promotion des droits de l'homme, elle a intégré l'idée européenne. La translation des cendres de René Cassin*, président de la Cour européenne des droits de l'homme, puis de celles de Jean Monnet*, père fondateur de l'Europe unie, confond les cérémonies du Panthéon français et la célébration de l'Europe nouvelle.

Exposition des cendres d'André Malraux lors de la panthéonisation de l'écrivain et homme d'État en 1996.

Les fêtes commémoratives du bicentenaire de la Révolution française se terminent le 12 décembre 1989 par l'inhumation des cendres de quelques-uns de ses artisans dont les idées présidèrent à la construction d'une Europe démocratique : Condorcet*, initiateur de l'abolition de la peine de mort – abolition réalisée par le ministre de la Justice Robert Badinter en octobre 1981 –, Monge*, fondateur de l'École normale des instituteurs, et l'abbé Grégoire*, évêque constitutionnel incarnant la liberté de conscience, la francophonie, l'intégration des juifs et la libération des Noirs.

Malgré le premier échec de la célébration d'une figure spécifiquement féminine pour les fêtes du bicentenaire de la Révolution française, François Mitterrand entend faire entrer une femme au Panthéon. La première femme panthéonisée, Marie Curie*, née en Pologne, illustre la volonté politique d'une continuité de commémoration du progrès salvateur et émancipateur de l'humanité, sans distinction de classe, d'origine ou de sexe.

L'entrée solennelle au Panthéon des cercueils de Marie et Pierre Curie en 1995.

En 1996, le président de la République Jacques Chirac expose dans le liminaire de son discours de réception des cendres d'André Malraux* sa conception du rôle du Panthéon, qu'il intègre dans sa politique de réduction de la fracture sociale : « *Le Panthéon n'est pas seulement un lieu de recueillement et de souvenir. C'est un lieu de vie, car les valeurs qui sont honorées ici, à travers celles et ceux qui reposent sous ses voûtes, sont d'abord des valeurs vivantes. C'est le combat pour la justice, celui de Voltaire dans l'affaire Calas, celui de Zola quand il accuse les calomniateurs du capitaine Dreyfus. C'est la dignité de l'homme, toujours à défendre et à conquérir, qui habite René Cassin quand il inspire la Déclaration des droits de l'homme. C'est la passion de la liberté et le refus de l'oppression qui portent Lazare Carnot et ses soldat de l'an II, comme Jean Moulin et son armée des ombres, et qui donnent à la plume de Victor Hugo sa violence et sa force.* »

Après avoir reconnu la responsabilité de l'État français de Philippe Pétain dans l'arrestation, la déportation et l'exécution des juifs et des opposants à la collaboration, le président Jacques Chirac ferme définitivement, en 2007, le sombre livre de l'histoire de la Seconde Guerre mondiale et de l'Occupation par la panthéonisation collective des 2 725 Français Justes parmi les nations*.

En 2011, affirmant la richesse de la diversité des origines des citoyens français comme un facteur supplémentaire de l'unité nationale, le président de la République Nicolas Sarkozy offre à la reconnaissance de la patrie le nom du Martiniquais Aimé Césaire*, inscrit auprès de ceux du Guyanais Félix Éboué*, de l'Haïtien Toussaint Louverture* et du Guadeloupéen Louis Delgrès*.

En 2015, par la translation des cendres de quatre personnalités emblématiques de la résistance à l'Occupation nazie et à la misère sociale, le 7e président de la Ve République François Hollande assume l'héritage de reconnaissance des valeurs exemplaires de l'unité nationale sans distinction de sexe ou d'origine religieuse ou sociale. Par leur entrée concomitante au Panthéon le 27 mai 2015, journée nationale consacrée à la Résistance, le chef de l'État rappelle la volonté universelle d'égalité des législateurs de 1791 devant la gloire et la reconnaissance, sommet du triptyque moral et civique de la devise républicaine : Liberté, Égalité, Fraternité.

Ils sont inhumés au Panthéon par décret de la patrie reconnaissante

Soufflot*, sur le dessin d'origine, prévoit en sous-sol l'accueil de deux cent soixante-sept sépultures pour la communauté monastique des génovéfains. La Révolution puis les différents gouvernements de la nation trouveront un lieu parfaitement adapté au dépôt des cendres des futures gloires à honorer.

Au fur et à mesure de ses affectations, l'édifice devient alternativement église catholique et temple consacré aux mânes des constructeurs de l'unité nationale, selon les vicissitudes politiques. La crypte conserve immuablement son rôle de nécropole, réceptacle des dépouilles des « grands hommes ». Les changements de vocation de l'église de surface ne troublent en rien la sérénité sépulcrale des profondeurs souterraines. Seules quelques sorties discrètes (sénateur d'Albert de Luynes*, cardinal Mareri*, Le Pelletier de Saint-Fargeau*) ou plus fracassantes (Mirabeau*, Marat*) viennent parfois réveiller les fantômes endormis. Puis, de nouveau, le calme et la dévotion populaire entourent d'une quiétude diaphane les tombeaux alignés ou les sépultures vides en attente d'occupants fraîchement glorifiés.

Soixante-quatorze places sont actuellement attribuées (mai 2015). Quarante et un dignitaires du Premier Empire reposent là, comme ayants droit à la sépulture nationale, suivant les dispositions de l'article 8 du décret impérial de février 1806, sans correspondre aux critères définis par l'Assemblée législative le 4 avril 1791, ni à la tradition républicaine reprise avec les obsèques de Victor Hugo* et perpétuée par les différents régimes de la Révolution à la Ve République. À l'exception des panthéonisations collectives, seules trente-deux personnalités sont réellement panthéonisées – avec inhumation dans le monument, conformément aux vœux des édiles révolutionnaires et de leurs héritiers – et reposent à jamais exposées à la reconnaissance de la nation pour la pratique de valeurs exemplaires.

1889, 4 août, caveau XXIII

Baudin, Jean-Baptiste *Alphonse* Victor
23 octobre 1811, Nantua (Ain) /
3 décembre 1851, Paris

Alphonse Baudin est reçu docteur en médecine en 1837, après de brillantes études. Médecin humaniste, il débute sa carrière comme chirurgien militaire en métropole. En Algérie, il se lie d'amitié avec Eugène Cavaignac, futur chef provisoire du pouvoir exécutif en 1848. Il fait preuve, sur la terre africaine, d'une grande générosité et d'un courage exemplaire lors de l'épidémie de choléra de 1842. Freiné dans son avancement en raison de ses opinions républicaines, il quitte l'armée et s'installe comme médecin à Montmartre où il accueille la révolution de 1848 avec enthousiasme. Il est élu député à l'Assemblée législative en 1849.
Baudin refuse le ministère de l'Instruction publique de la IIe République. Adversaire de la politique romaine de Louis-Napoléon Bonaparte, il demande la mise en accusation du neveu de Napoléon. Il réclame, pour les instituteurs, la liberté de manifester librement leurs sentiments politiques, vote contre la loi Falloux et combat le projet de loi organique. Le 3 décembre 1851, il dénonce le coup d'État du prince-président et rejoint avec Schœlcher* les représentants du peuple, ceints de leur écharpe tricolore, pour soutenir l'opposition armée, sur la barricade de la rue Sainte-Marguerite. À ceux qui lui reprochent le montant de son indemnité parlementaire en disant : « *À bas les 25 francs !* », il répond : « *Vous allez voir, messieurs, comme on meurt pour 25 francs !* » « *Il était resté debout à sa place sur l'omnibus. Trois balles l'atteignirent. Une frappa de bas en haut à l'œil droit et pénétra dans le cerveau. Une demi-heure après, il était mort. On porta son cadavre à l'hôpital Sainte-Marguerite.* » (Victor Hugo, *Histoire d'un crime,* 1877.)
La loi du 10 juillet 1889 est promulguée pour le transfert du corps au Panthéon à l'occasion de la commémoration du centenaire de la Révolution française. La translation a lieu en même temps que celles des cendres de Marceau*, Corret de La Tour d'Auvergne* et Carnot*. Son cercueil est simplement enveloppé d'un drap noir uni, sans ornement.
Franc-maçon de la loge Le Temple des Amis de l'Honneur français à Paris.

Alphonse Baudin

1907, 25 mars, caveau XXV

Berthelot, Pierre Eugène *Marcellin*
25 octobre 1827, Paris / 18 mars 1907, Paris

Esprit éclectique précoce, élève du lycée Henri-IV, Marcellin Berthelot reçoit la médaille d'honneur au concours général de 1846, pour l'épreuve de philosophie. Il obtient son doctorat ès sciences en 1854 avec sa thèse sur les combinaisons de la glycérine avec les acides et la reproduction des corps gras neutres naturels. Chimiste, il est reçu à l'Académie de médecine en 1863, à l'Académie des sciences en 1873 et à l'Académie française en 1901. Il est professeur à l'École supérieure de pharmacie et au Collège de France ; la science lui doit la mise en pratique de la thermochimie.

Marcellin BERTHELOT, photographié par Antoine René Trinquart en 1864.

Sénateur, il devient ministre de l'Instruction publique et des Beaux-Arts du 11 décembre 1886 au 29 mai 1887, puis ministre des Affaires étrangères du 1er novembre 1895 au 28 avril 1896. « *Il avait foi en la science. Il croyait que devant elle s'ouvre un champ illimité et qu'il n'est pas dans ce champ de partie si éloignée qu'elle ne puisse atteindre un jour, pour peu qu'on lui en laisse la liberté. Il croyait que non seulement la science est grande et qu'elle est belle, mais aussi qu'elle est bonne ; je veux dire qu'elle est capable de rendre les hommes meilleurs.* » (Henri Poincaré, oraison funèbre à l'Académie des sciences.)
Rentrant de la séance hebdomadaire à l'Académie française, Berthelot meurt, foudroyé de chagrin, dans ses appartements de l'Institut, quand un de ses fils lui annonce la mort de son épouse qu'il chérissait. Les funérailles nationales sont accordées au savant et à son épouse.
Franc-maçon actif de la loge Fraternité universelle au Grand Orient de France.

1952, 22 juin, caveau XXV

BRAILLE, *Louis* Simon
4 janvier 1809, Coupvray (Seine-et-Marne) / 6 janvier 1852, Paris

Louis BRAILLE

En 1812, le jeune Louis Braille, alors âgé de trois ans, se blesse un œil en jouant avec des alènes dans l'atelier de bourrelier de son père, à Coupvray. Par sympathie, l'autre œil sera contaminé. À cinq ans, Louis Braille entre dans une nuit définitive. En 1819, il apprend la musique à l'Institution des jeunes aveugles. C'est dans ces bâtiments humides et insalubres qu'il contracte la tuberculose qui l'emportera à quarante-trois ans. Le capitaine d'artillerie Charles Barbier de la Serre avait inventé un moyen de correspondre de nuit entre officiers : il avait établi un système reproduisant les sons en utilisant des points saillants. Les élèves de l'Institution des jeunes aveugles essayent cette « sonographie » qui ne respecte pas l'orthographe et se révèle très compliquée. À treize ans, Louis Braille commence alors ses recherches en s'orientant vers l'amélioration du système de Valentin Haüy, constitué par un alphabet issu d'un signe générateur composé de six points saillants. Ce procédé soulève l'enthousiasme des élèves mais est repoussé par l'ensemble des professeurs ; étant voyants, ils refusaient une écriture qu'ils ne pouvaient pas lire directement. En 1829, le véritable acte de naissance du système Braille est la parution de l'ouvrage imprimé en relief linéaire par Braille lui-même et intitulé : *Procédé pour écrire les paroles, la musique et le plain-chant au moyen de points, à l'usage des aveugles et disposés pour eux.* Depuis 1844, le braille, adapté à toutes les langues de la terre, est devenu pour les aveugles une écriture universelle.
Au moment même de l'entrée de Louis Braille au Panthéon, une cérémonie intime s'est déroulée au cimetière de Coupvray où le préfet de Seine-et-Marne a déposé l'urne contenant les mains de Louis Braille sur le tombeau familial.

2015, 27 mai

BROSSOLETTE, *Pierre*
25 juin 1903 Paris / 22 mars 1943 Paris

« *Ce qu'ils étaient hier, ils ne le demandent pas l'un à l'autre. Sous la Croix de Lorraine, le socialiste d'hier ne demande pas au camarade qui tombe s'il était Croix de feu. Dans l'argile fraternelle du terroir, d'Estienne d'Orves et Péri ne demandent pas si l'un était hier royaliste et l'autre communiste.* »

Pierre BROSSOLETTE, discours à l'Albert Hall de Londres, 18 juin 1943.

Pierre Brossolette est le fils d'un inspecteur de l'enseignement primaire. Brillant élève à Louis-le-Grand, il est reçu premier à l'École normale supérieure en 1922. Camarade de promotion de Georges Bidault (1899-1983), il est reçu deuxième à l'agrégation d'histoire.
Membre de la Ligue des droits de l'homme, il est un militant pacifiste, disciple d'Aristide Briand (1862-1932), signataire des accords de Locarno. En 1929, il entre en politique au sein de la SFIO (Section française de l'Internationale ouvrière). Journaliste, il collabore à différentes publications et au *Populaire*, journal du Parti socialiste dans lequel il dénonce la politique belliciste de l'Allemagne hitlérienne. Le Front populaire le nomme sous-chef de cabinet au ministère des Colonies.
La guerre déclarée, il rejoint comme lieutenant le 51e régiment d'infanterie. À l'armistice, il est capitaine décoré de la croix de guerre pour avoir ramené sains et saufs les éléments placés sous son autorité. Il entre dans la Résistance au groupe du musée de l'Homme en échappant à l'arrestation lorsque le réseau est démantelé. Il participe à la formation des groupes de résistance Libération-Nord et Organisation civile et militaire (OCM) dans la zone occupée et devient, après sa rencontre avec le colonel Gilbert Renault (1904-1984) alias *Rémy*, ancien militant d'Action française, chef de la section presse et propagande de la Confrérie Notre-Dame[1].
Interdit de réintégration dans le corps enseignant par l'État français du maréchal Pétain, il devient libraire rue de la Pompe à Paris et transforme son magasin en boîte aux lettres pour la Résistance. Le 27 avril 1942, il rejoint Londres, incorpore le BCRA (Bureau central de renseignements et d'action) et rencontre plusieurs fois le général de Gaulle qui le charge de missions sur le territoire occupé. La même année, il devient l'adjoint du colonel André Dewavrin alias *Passy* (1911-1998) et prend la direction de la section opératoire, service chargé de coordonner les actions entre les résistances extérieure et intérieure. Le 17 octobre 1942, le général de Gaulle lui décerne la croix de la Libération avant de le nommer membre

Pierre BROSSOLETTE

du Conseil de l'ordre de la Libération. Il est la voix française de Radio-Londres, remplaçant plusieurs fois Maurice Schumann (1911-1998) au micro de la BBC. Brossolette s'oppose avec force à Jean Moulin*, lui reprochant de continuer les combinaisons de la IIIe République en traitant avec les communistes dont il se méfie depuis le pacte de non-agression germano-soviétique. Tout en restant socialiste, il rapproche de la Résistance des hommes issus de la droite nationaliste comme des activistes du Parti social français du colonel de La Roque ou les professeurs et les ressortissants de l'école des cadres d'Uriage. Ces derniers iront renforcer la résistance locale et le maquis du Vercors.
Le 19 septembre 1943, il revient en France occupée en atterrissant près d'Angoulême. En novembre, il reçoit l'ordre de rejoindre Londres, mais l'opération aérienne échoue. Le 2 février 1944, au soir, Pierre Brossolette et Émile Bollaert embarquent sur un bateau de pêche, *Le Jouet des flots*, mais celui-ci s'échoue à l'entrée de la baie d'Audierne en raison du mauvais temps. Réfugiés à Plogoff, ils sont arrêtés tous les deux à Audierne, le lendemain, lors d'un contrôle de routine.

1. www.pierrebrossolette.com.

Interrogé par la Gestapo de Rennes[2], Pierre Brossolette est reconnu et conduit au siège de la Gestapo de Paris. Torturé, il refuse de parler. Transféré à Fresnes, il est de nouveau interrogé à Paris. Sentant ses forces l'abandonner, il profite d'une fenêtre ouverte pour se jeter du 5e étage de l'immeuble du 84, avenue Foch. Grièvement blessé, il meurt à l'hôpital de la Pitié.
Franc-maçon, membre de la loge Émile Zola depuis le 23 avril 1927 à la Grande Loge de France, affilié à la loge L'Aurore sociale du Grand Orient de France à Troyes (Aube).

1889, 4 août, caveau XXIII

CARNOT, *Lazare* Nicolas Marguerite, dit « le Grand Carnot », comte
13 mai 1753, Nolay (Côte-d'Or) / 2 août 1823, Magdebourg (Allemagne)

Fils d'une famille de dix-huit enfants, Lazare Carnot est admis à dix-huit ans à l'École du génie militaire de Mézières, où il est l'élève de Gaspard Monge*. Député de la Convention, il est membre du Comité de salut public qui le charge de la réorganisation des armées, le 4 août 1793. Il passe à la postérité comme « l'Organisateur de la victoire ».
Carnot s'oppose à Robespierre qu'il contribue à faire tomber puis participe activement au Directoire de 1795 à 1797. Chassé de son poste par le coup d'État de fructidor, il s'exile en Suisse. En 1799, il propose le titre de « Premier grenadier de la République » pour récompenser La Tour d'Auvergne* et le transfert des cendres de Turenne aux Invalides, alors qu'elles reposaient dans la basilique de Saint-Denis dévastée. Ministre de la Guerre en 1800, attaché à la République, il prend ses distances avec Bonaparte. Il vote contre l'instauration de la Légion d'honneur, contre le consulat à vie et refuse la création de l'Empire.

Lazare CARNOT

En 1806, intéressé par le progrès scientifique, il rédige un rapport avec Berthollet sur une machine appelée « pyréolophore » par les frères Niépce, invention qui se révèle être l'ancêtre de l'appareil photographique.
En 1814, alors qu'il n'est que commandant, Napoléon le promeut directement général de division et le nomme gouverneur du port d'Antwerpen (Anvers). Ministre de l'Intérieur pendant les Cent-Jours, il signe le décret pour la création d'une École normale élémentaire destinée à former les instituteurs. À la seconde abdication impériale, il devient membre du gouvernement provisoire, poste où, selon lui, « *il ne peut ni faire le bien, ni empêcher le mal* ».
Il est proscrit comme régicide à la seconde Restauration et meurt en exil. Son corps est transféré au Panthéon en 1889 pour la commémoration du centenaire de la Révolution française, présidée par son petit-fils alors président de la République. Lazare Carnot est honoré plusieurs fois dans les représentations patriotiques. Il figure au fronton de David d'Angers, au deuxième rang de la société civile, et dans le groupe statuaire de Sicard, parmi les huit députés prêtant serment à la Convention, dans le chœur du transept oriental.

2. www.ordredelaliberation.fr.

1894, 1er juillet, caveau XXIII

CARNOT, Marie François *Sadi*
11 août 1837, Limoges (Haute-Vienne) / 24 juin 1894, Lyon (Rhône)

Petit-fils de Lazare Carnot*, Sadi Carnot termine ses études à l'École polytechnique et aux Ponts et Chaussées. Ingénieur inventif, il présente au gouvernement de la Défense nationale, en 1870, un dispositif perfectionné de mitrailleuse et organise, avec Freycinet, la défense des départements de l'actuelle région de Haute-Normandie.

Préfet de Seine-Inférieure, Carnot démissionne de son poste le 7 février 1871 pour marquer son désaccord avec la demande d'armistice. Aux élections législatives de 1881, son discours révèle son caractère et son état d'esprit : il se veut le continuateur de la tradition républicaine de son aïeul. Il participe à plusieurs ministères jusqu'à la démission de Jules Grévy, compromis dans le scandale de la vente des décorations. Il lui succède à la présidence de la République en 1887.

Carnot rétablit l'ordre civil et militaire en signant le décret de mise à la retraite du général Boulanger, instigateur d'une sédition nationaliste antiparlementaire. Il est par ailleurs l'artisan de l'alliance avec la Russie.

Encouragée par le scandale financier que représente l'affaire de Panamá, l'agitation anarchiste atteint son apogée durant son mandat. Carnot signe les demandes d'exécution envoyant à la guillotine François Ravachol, Émile Henry, Auguste Vaillant et quelques autres au nom de l'intérêt public qui lui fait dire : « *Ma faiblesse multiplierait les attentats.* » Il est assassiné par l'anarchiste italien Santo Jeronimo Caserio alors qu'il se rendait à l'inauguration de l'Exposition de Lyon.

1987, 5 octobre, caveau VI

CASSIN, *René*
5 octobre 1887, Bayonne (Pyrénées-Atlantiques) / 20 février 1976, Paris

Au moment de la capitulation de la France en 1940, Cassin répond à l'appel du général de Gaulle et s'embarque pour l'Angleterre, le 19 juin. Le chef de la France libre le charge de différentes missions, et le fait Compagnon de l'ordre de la Libération le 1er août 1941. Il le nomme représentant de la France à la Conférence des ministres alliés de l'Éducation (de 1942 à 1944) et membre de la Commission d'enquête sur les crimes de guerre (de 1943 à 1945). À Alger, il dirige le comité juridique nouvellement créé pour défendre le droit à la citoyenneté des juifs et des musulmans algériens, et préparer les nouvelles mesures législatives.

De la Libération à 1961, Cassin est vice-président du Conseil d'État. Il est associé à la rédaction de la Déclaration universelle des droits de l'homme, votée en 1948 par l'Assemblée générale des Nations unies réunie à Paris. En 1959, il est le premier président du Conseil constitutionnel. Il préside, de 1965 à 1968, la Cour européenne des droits de l'homme, organe juridictionnel du Conseil de l'Europe. En 1968, il reçoit le prix Nobel de la paix et, en 1969, fonde l'Institut international des droits de l'homme à Strasbourg. Ses idées sont exprimées dans *La Pensée et l'Action* (1972), et *Les Hommes partis de rien* (1975).

René CASSIN (en civil) à Glasgow.

1989, 12 décembre, caveau VII

CONDORCET, Marie Jean Antoine *Nicolas* de Caritat, marquis de
17 septembre 1743, Ribemont (Aisne) / 29 mars 1794, Bourg-la-Reine (Hauts-de-Seine)

Philosophe, mathématicien et secrétaire perpétuel de l'Académie des sciences en 1769, Nicolas de Caritat est élu député à l'Assemblée législative. Il rejoint la Révolution après la fuite de Louis XVI à Varennes (22 juin 1791). Ennemi de la peine capitale, il s'élève contre les condamnations à mort, vote la détention à vie pour Louis XVI et propose la réforme du Code de procédure criminelle. Président de la Société des amis des Noirs et député à la Convention, il appuie l'abbé Grégoire* dans son action émancipatrice.
Humaniste, Condorcet expose ses thèses dans *Esquisse d'un tableau historique des progrès de l'esprit humain* et développe un projet de restructuration de l'instruction publique. En 1790, il proposa la séparation de l'Église et de l'État, selon une conception laïque du gouvernement.

Le marquis de CONDORCET, école de Jean-Baptiste Greuze.

Avant de se prononcer sur la culpabilité du roi, traduit devant la Convention constituée en tribunal, Condorcet, assisté de l'abbé Grégoire*, de Cabanis* et de Le Peletier de Saint-Fargeau*, demande, dans la séance du 19 janvier 1793, l'abolition de la peine de mort. Cette action le rend suspect aux yeux des Montagnards. Le 8 juillet 1793, dénoncé par Chabot comme Girondin avec quarante autres députés, Condorcet s'enfuit. Après avoir échappé durant huit mois à ses poursuivants, il est arrêté sous le pseudonyme de Pierre Simon. Emprisonné dans les geôles de Bourg-Égalité (Bourg-la-Reine), Condorcet se suicide avec le poison contenu dans le chaton d'une bague, poison que lui avait fourni son beau-frère, le docteur Cabanis*.
Ses cendres ont été transférées symboliquement au Panthéon pour la commémoration du bicentenaire de la Révolution française, durant la présidence de François Mitterrand, dont le premier projet de modification constitutionnelle fut l'abolition de la peine de mort, menée à terme en 1981. Le promoteur d'un enseignement laïc est honoré dans le groupe statuaire de François Léon Sicard, parmi les huit députés prêtant serment à la Convention, dans le chœur du transept oriental.
Franc-maçon de la loge Les Neuf Sœurs.

1995, 20 avril, caveau VIII

CURIE, *Pierre*
15 mai 1859, Paris / 19 avril 1906, Paris

Recevant l'instruction primaire directement de sa famille, Pierre Curie s'inscrit à la Sorbonne et, en 1877, passe sa licence de physique. Il découvre la piézoélectricité en 1880, associant ses travaux à ceux de son frère Jacques. En 1882, il est nommé chef de travaux à l'École de physique et de chimie industrielle de Paris.
Il étudie le magnétisme et énonce le principe de symétrie des phénomènes physiques en 1894 : les éléments déclenchant un phénomène physique doivent se retrouver dans les effets produits.

À la suite de son mariage, Pierre Curie abandonne ses travaux sur les cristaux pour travailler avec son épouse, Marie*.
Le 6 mars 1895, il devient docteur ès sciences physiques, après avoir défendu sa thèse sur les propriétés magnétiques des corps à diverses températures, pressions et intensités de champ magnétique.
Le 18 juillet 1898, Pierre et Marie Curie annoncent la découverte d'un nouvel élément radioactif, le polonium. Le 26 décembre, en collaboration avec Gustave Bémont, ils publient leurs travaux sur la découverte du radium. Prix Nobel de physique le 10 décembre 1903 avec son épouse, Pierre Curie meurt accidentellement trois ans plus tard, renversé par un fardier.

1995, 20 avril, caveau VIII

CURIE, *Marie*, née Sklodowska
7 novembre 1867, Varsovie (Pologne) / 4 juillet 1934, Sallanches (Haute-Savoie)

Née dans une famille d'enseignants, Marie Sklodowska développe son goût de l'étude par un travail acharné. Orpheline, elle devient préceptrice afin d'aider sa sœur à étudier à la faculté de médecine de Paris. Ambitieuse et résolue, la jeune fille, qui vit dorénavant en France, poursuit ses études supérieures à partir de 1891. Elle est reçue première à la licence ès sciences physiques en 1893, obtient la deuxième place à la licence de mathématiques en 1894 et arrive première à l'agrégation de physique en 1896.
Marie Sklodowska se marie avec Pierre Curie* le 26 juillet 1895. Première femme à être titulaire d'une chaire à la Sorbonne en 1908, elle découvre la radioactivité du thorium et isole le radium. En 1903, elle soutient sa thèse – *Recherches sur les substances radioactives* –, résultat des expériences qu'elle a effectuées sur des substances radioactives autres que l'uranium et le thorium. Cas exceptionnel, ses travaux sont couronnés par deux prix Nobel, celui de physique en 1903 puis celui de chimie en 1911. L'intelligence scientifique de Marie Curie est récompensée par cent seize titres honorifiques, seize décorations et médailles et dix prix internationaux.
En 1914, Marie Curie est nommée directrice du laboratoire de physique et de chimie situé dans le nouvel Institut du radium. Assistée de sa fille Irène, elle se charge de la formation de manipulatrices de radiologie pour le service des armées durant la Grande Guerre. Elle équipe dix-huit voitures radiologiques, appelées les « petites Curie », qui permettent d'ausculter directement les soldats sur le front. En 1921, Marie Curie se rend aux États-Unis. La campagne nationale menée auprès des femmes américaines par la journaliste Meloney permet de récolter 100 000 dollars (un million de francs-or), qui serviront à l'achat d'un gramme de radium. Marie Curie est la première « grande femme » à avoir bénéficié de la reconnaissance de la patrie avec translation des cendres.

Marie CURIE, née Sklodowska,
photographiée par Henri Manuel vers 1920.

2002, 30 novembre, caveau XXIV

DUMAS, *Alexandre* Davy de La Pailleterie, dit
24 juillet 1802, Villers-Cotterêts (Aisne) / 5 décembre 1870, Puys (Seine-Maritime)

Fils du général mulâtre Thomas Alexandre Davy de La Pailleterie, dont le nom est inscrit sur l'arc de triomphe de l'Étoile, Alexandre Dumas reçoit à Villers-Cotterêts l'enseignement de l'abbé Grégoire*. Clerc de notaire, il est initié en 1819 par Adolphe de Leuven à la poésie moderne et à l'écriture théâtrale. Sa rencontre avec Talma, l'acteur le plus célèbre de son époque, l'amène à Paris. En 1823, il fait la connaissance d'Hippolyte Lassagne, journaliste et auteur de théâtre. Grâce à lui, il découvre la vie littéraire parisienne et devient un auteur fécond (plus de trois cents ouvrages, romans et pièces de théâtre dont dix entrent dans le répertoire de la Comédie-Française). Il reste à ce jour l'auteur français le plus lu dans le monde.
La postérité retient ses romans historiques : *Les Trois Mousquetaires, Vingt ans après, Le Vicomte de Bragelonne, Le Comte de Monte-Cristo, La Reine Margot, La Dame de Monsoreau, Les Quarante-Cinq*, mais aussi son *Grand Dictionnaire de cuisine*. Les spécialistes lui attribuent la paternité de 37 267 personnages.
D'une grande générosité, Alexandre Dumas est un commensal recherché et prodigue. La quête permanente de subsides l'oblige à publier sans arrêt des romans en feuilleton dans les journaux et périodiques, ce qui ne l'éloigne ni de la politique ni de l'aventure. Révolutionnaire en 1830, il est député en 1848 et fournit à Garibaldi de l'armement pour les corps francs des volontaires italiens soulevés contre les Autrichiens en 1860. Fatigué, poursuivi par ses créanciers, il se réfugie chez son fils qui l'accueille jusqu'à sa mort.
Dumas a rejoint au Panthéon le général Marceau*, dont il avait relaté l'idylle et son issue malheureuse dans le roman *Blanche de Beaulieu*.
Selon certains auteurs, Alexandre Dumas aurait été initié en 1862 à la loge Fede Italica. Son appartenance à l'Ordre maçonnique reste à authentifier.

1949, 20 mai, caveau XXVI

ÉBOUÉ, *Félix* Adolphe Sylvestre
26 décembre 1884, Cayenne (Guyane) / 17 mai 1944, Le Caire (Égypte)

Fils d'un orpailleur et d'une épicière, Félix Éboué entre au lycée de Bordeaux comme boursier en 1901. Il est reçu à l'École coloniale en 1906 et obtient sa licence en droit en 1908. Il est nommé administrateur en chef des Colonies en Oubangui-Chari (aujourd'hui République centrafricaine). Adversaire de la monoculture rendant la région dépendante du marché du coton, du riz et du café, il encourage l'exploitation des gisements aurifères. Indispensable à l'administration coloniale, il se voit refuser son engagement volontaire pour servir aux armées durant la Grande Guerre. Dès 1919, il ouvre des écoles pour les notables et les chefs coutumiers locaux, afin de former des élites autochtones qui deviendront des cadres attachés à la République tout en respectant les us et coutumes des populations.
Éboué est promu au grade d'administrateur en chef en 1930. En 1932, le ministre des Colonies le nomme secrétaire général auprès des autorités de la Martinique. Il y assure également l'intérim au poste de gouverneur et rétablit la situation économique défaillante. En septembre 1936, il est renvoyé aux Antilles par le gouvernement du Front populaire de Léon Blum, pour apaiser les esprits et étouffer les velléités autonomistes en Guadeloupe. Il parvient, par sa nature conciliatrice, à ramener le calme et à assainir les finances. En 1938, sur la proposition de Georges Mandel, ministre des Colonies, il est nommé gouverneur du Tchad.
Dès le 29 juin 1940, refusant l'armistice, Éboué prend contact avec Londres. Son ralliement à la France libre, le 26 août 1940, donne au général de Gaulle les clés de l'Afrique, qui l'aideront plus tard à la reconquête de la métropole ; il lui vaut le titre de « Premier résistant de la France d'outre-mer ». En janvier 1941, Éboué devient Compagnon de la Libération.
Officier de la Légion d'honneur, il est le premier Noir nommé gouverneur général de

Alexandre DUMAS, photographié par Félix Nadar vers 1865.

Félix Éboué

l'Afrique équatoriale française, cité à l'ordre de la Nation « *pour avoir donné le signal de redressement de l'Empire français tout entier* ».
La translation de ses cendres au Panthéon eut lieu avec celles de Victor Schœlcher*. Initié à la franc-maçonnerie par la loge France équinoxiale à Cayenne (Guyane), il devient membre des loges Les Disciples de Pythagore à la Grande Loge de France et Maria Deraisme de l'ordre mixte international le Droit humain.

1920, 11 novembre, urne, escalier est

Gambetta, *Léon* Michel
2 avril 1838, Cahors (Lot) /
31 décembre 1882, Ville-d'Avray
(Hauts-de-Seine)

Fils d'un épicier génois émigré en France, Léon Gambetta perd l'œil gauche pendant sa scolarité. Il fait des études de droit et devient avocat en 1857. Secrétaire de Crémieux, il défend Delescluze lors du procès intenté au journal *L'Éveil* pour la souscription lancée en faveur de la construction d'un monument commémorant le sacrifice d'Alphonse Baudin* lors du coup d'État du 2 décembre 1851.
Gambetta devient membre du corps législatif en 1869. Après la capitulation de Sedan le 31 août 1870, il vote la déchéance de Napoléon III. Le 4 septembre 1870, il proclame la République sur le parvis de l'hôtel de ville de Paris. Lorsqu'il rejoint la délégation de Tours, avec le ministre de l'Instruction publique Spuller, afin de diriger le gouvernement de la Défense nationale, son départ en ballon est perçu comme une ascension laïque dans la mythologie de la IIIe République. Par la levée de six cent mille hommes, il organise si bien la résistance contre les Prussiens qu'il suscite l'admiration de l'ennemi.
Après le traité de Francfort qui met fin aux hostilités, Gambetta succède à Thiers en organisant la résistance politique aux menées souterraines des monarchistes.

Léon Gambetta, photographie de l'atelier Nadar (?) à partir d'une épreuve d'Étienne Carjat, 1876.

Il devient président du Conseil en 1881 pour deux mois. En 1882, il abandonne toute fonction et reprend la direction de son journal, *La République française.* Ses adversaires politiques continuent leurs attaques contre lui jusque après son décès, survenu le 31 décembre 1882 des suites d'une blessure accidentelle. Lorsqu'on fit remarquer à Henri Rochefort que Gambetta venait de disparaître, le tribun de l'opposition cléricale répondit : « *La mort n'est pas une excuse !* »
Seul le cœur de Léon Gambetta repose au Panthéon, dans une urne en porphyre entourée de deux faisceaux de licteurs républicains. La translation eut lieu le même jour que l'inhumation du corps du Soldat inconnu* sous l'arc de triomphe de l'Étoile et suivit le trajet exact emprunté lors du convoi des cendres de Victor Hugo*. L'urne fut exposée à la croisée du transept, afin de recevoir l'hommage du public, puis, le 14 novembre 1920, elle prit place dans la niche de l'escalier est.
Initié à la franc-maçonnerie, en 1869, par la loge La Réforme du Grand Orient de France à Marseille (Bouches-du-Rhône).

Geneviève DE GAULLE

2015, 27 mai

GAULLE *Geneviève*, Marie, Agnès, Germaine, de, épouse Anthonioz
25 octobre 1920, Saint-Jean-de-Valériscle / 14 février 2002, Paris

« *Peu à peu, ce que j'apprends des pauvres et des humiliés laboure mon expérience de la déportation. J'ai essayé, dès mon retour, de l'enfouir au fond de moi pour vivre enfin mon bonheur de femme aimée, de jeune mère, mais tout revient à la surface.* »
Geneviève DE GAULLE, *Le Secret de l'espérance*, 2001.

Geneviève de Gaulle est la fille de Germaine Gourdon et de Xavier de Gaulle, ingénieur des Mines, frère aîné du général Charles de Gaulle, chef de la France libre. Orpheline de mère à quatre ans, elle est bachelière dans l'académie de Strasbourg, puis obtient sa licence d'histoire à la faculté des lettres de Rennes.
En 1941, étudiante à la Sorbonne, elle entre en Résistance dans le réseau du musée de l'Homme et milite au sein du groupe Défense de la France. Le 20 juillet 1943, elle est arrêtée par l'inspecteur Pierre Bonny, responsable avec Henri Lafont de la Gestapo française de la rue Lauriston.
Après six mois de réclusion à Fresnes, le 3 février 1944, elle est déportée à Ravensbrück avec Émilie Tillion, la mère de Germaine Tillion*, où elle est la compagne de captivité de Jacqueline Péry d'Alincourt, de Suzanne Hiltermann, d'Anise Postel-Vinay, de Marie-Claude Vaillant-Couturier et de Germaine Tillion*. Mise à l'isolement sur l'ordre de Himmler pour être une éventuelle monnaie d'échange dans une négociation avec les Alliés victorieux, elle est libérée en avril 1945.
Son père, Xavier, consul général de France à Genève (Confédération helvétique), accueille sa fille Geneviève à son retour de déportation, aveugle et pesant à peine 44 kg. Elle rencontre peu après Bernard Anthonioz (1921-1994), résistant et éditeur d'art, qu'elle épouse en 1946.
En 1958, André Malraux* propose au couple Anthonioz, qu'il a côtoyé pendant les années de traversée du désert, de le rejoindre au ministère

de la Culture. Geneviève est chargée de la recherche scientifique et Bernard devient chargé de mission, directeur de la création artistique et fondateur du Centre national d'art contemporain[1].
Présidente de l'ADIR (Amicale des déportées et internées de la Résistance), Geneviève suit les procès des criminels nazis en Allemagne, puis participe à l'essor du RPF (Rassemblement du peuple français), mouvement politique créé par son oncle. En 1987, le n° 27372, survivante du bloc 27 de Ravensbrück, témoigne de l'univers concentrationnaire et de l'extermination par le travail et la famine dans les camps nazis au procès de Klaus Barbie (1913-1991).
En 1958, elle rencontre le père Joseph Wresinski, aumônier du bidonville de Noisy-le-Grand (Val-de-Marne). Avec les occupants des igloos construits par les Compagnons d'Emmaüs de l'abbé Pierre, elle revit l'humiliation et les souffrances qu'elle-même et ses compagnes de captivité ont vécues en déportation. Elle démissionne du ministère de la Culture pour se consacrer entièrement aux victimes de la misère sociale.
Elle est le *missus dominici* de l'association ATD-Quart Monde, faisant le siège du palais présidentiel et de tous les ministères, sollicitant les chefs de gouvernement et les responsables politiques pour ses frères de misère qu'elle appelle les sans domicile fixe, refusant l'acronyme péjoratif à ses yeux de SDF. À l'occasion d'un entretien avec le président Pompidou (1911-1974), elle est consternée devant tant de légèreté à l'égard des déshérités : le président de la République lui a offert le montant de la recette d'une soirée de gala à la Comédie-Française ! Yvon Chotard (1921-1998), responsable syndical du patronat, lui aussi sollicité dans son combat contre la misère, dira d'elle : « *Elle paraît faible, au bord de l'évanouissement, et se métamorphose soudain quand elle prend la parole* [pour ses protégés]. »

Geneviève de Gaulle-Anthonioz prend la direction d'ATD-Quart Monde de 1964 à 1998, tout en n'étant qu'une « *simple volontaire* » permanente pour son combat contre la déshumanisation liée à la misère jusqu'à sa mort en 2002 : « *Je ne suis pas une héroïne mais je revendique le terme de résistante. Au fond, entre la Résistance et ATD, il y a un cheminement commun : le refus de l'inacceptable.* »
La maladie n'altère ni sa foi, ni sa ténacité, ni sa capacité combative. En 1997, membre du Conseil économique et social, dénonçant le totalitarisme de l'argent, elle présente un projet de loi à l'Assemblée nationale contre toutes les exclusions, qui est voté en 1998. « *Que des hommes qui se réclament du gaullisme réagissent ainsi me fait particulièrement mal au cœur* », lance-t-elle aux parlementaires RPR qui ont voté contre le texte parce qu'il était présenté par le gouvernement Jospin[2].
Avec Germaine Tillion*, elle est l'une des cinq femmes à avoir reçu la grand-croix de la Légion d'honneur.

1989, 12 décembre, caveau VII

GRÉGOIRE, Baptiste *Henri*, dit l'abbé
4 décembre 1750, Veho (Meurthe-et-Moselle) / 28 mai 1831, Paris

Fils d'un tailleur, curé d'Ambermesnil, l'abbé Grégoire est député du bailliage de Nancy, représentant du clergé aux états généraux. Il rallie le tiers état et propose l'abolition du droit d'aînesse. Il est le premier prêtre à prêter serment à la Constitution civile du clergé. Sacré évêque de Blois le 18 février 1791, il est aussi député à la Convention.
En 1789, il présente à l'Assemblée constituante sa motion en faveur des juifs, qui aboutira, en 1791, à l'abolition de l'édit royal du 17 septembre 1394, signé par Charles VI, qui expulsait « définitivement et perpétuellement » les juifs du royaume de France. Ses idées de tolérance religieuse en font un des précurseurs de la laïcité.

1. http://memoiredeguerre.pagesperso-orange.fr/biogr/anthonioz-degaulle.htm.

2. Hubert Grimault (député UDF du Maine-et-Loire) et Jean-Luc Warsmann (député RPR des Ardennes) sont les seuls députés « gaullistes » à voter pour la loi.

Le 21 septembre 1792, il vote l'établissement de la République. Il souhaite, sur tout le territoire national, un langage commun compris de tous : le français, expression de la liberté et de la démocratie.
Promoteur de l'abolition de la peine capitale, avec Condorcet*, Cabanis* et Le Peletier de Saint-Fargeau*, il refuse de voter la mort de Louis XVI.
Objet d'un autre de ses combats, le décret émancipateur des esclaves noirs est adopté le 4 février 1794. Napoléon Bonaparte s'empressera de rétablir la traite des Noirs. Le 10 octobre de la même année, l'abbé Grégoire fonde le Conservatoire national des arts et métiers et contribue à la création du Bureau des longitudes. Membre du Conseil des Cinq-Cents sous le Directoire, il devient sénateur en 1802. Il refuse le Concordat. En 1810, Fouché, ministre de la police, interdit la publication de son *Histoire des sectes religieuses*. Nommé comte par l'Empereur en 1808, il se prononce néanmoins pour la déchéance de celui-ci.
La Restauration lui retire tous ses titres et pensions, l'obligeant à vendre sa bibliothèque pour survivre. Il est élu député de l'Isère en 1819, contre la volonté du pouvoir, mais son élection est invalidée après une enquête qui détermine des « manipulations suspectes » dans les scrutins.
À la fin de sa vie, il entame un nouveau combat : l'émancipation civique des femmes. Ses forces physiques et son grand âge (quatre-vingt-un ans) ne lui laissent pas le temps de parfaire son œuvre. Posthumes, ses *Mémoires* sont publiés en 1839. Le texte contient, tout entier, les principes de liberté, d'égalité et de fraternité défendus par la République.
Malade et affaibli, il reste attaché à la foi catholique, et l'abbé Guillon, confesseur de la reine Marie-Amélie, transgresse l'interdiction de l'archevêque de Paris qui lui refusait l'extrême-onction, en lui administrant le saint viatique. Ses dernières paroles auraient été : « *Mon Dieu, faites-moi miséricorde et pardonnez à mes ennemis !* » Celles-ci sont gravées sur la pierre de son tombeau.
Henri Grégoire fut un franc-maçon actif de la loge L'Harmonie à Paris.

L'abbé Grégoire

1885, 1er juin, caveau XXIV

Hugo, *Victor* Marie, vicomte
26 février 1802, Besançon (Doubs) / 22 mai 1885, Paris

Royaliste vendéen, antibonapartiste ou républicain de la gauche démocratique, après tant d'atermoiements quant au choix de ses idées politiques, Victor Hugo est quasi « canonisé » de son vivant par la IIIe République qui en fait un des principaux saints laïcs du Panthéon français.
Ultraroyaliste sous Louis XVIII, légitimiste libéral sous Charles X, Hugo rallie la révolution des Trois Glorieuses en juillet 1830. Sur l'intervention de Louis-Philippe Ier, roi des Français, il entre à l'Académie française en 1841, puis il est nommé pair de France en avril 1845. En février 1848, pendant l'insurrection, il intervient en faveur de la duchesse d'Orléans, mais il est hué, place de la Bastille, lorsqu'il tente de faire proclamer la régence. Malgré sa contribution à l'échec du mouvement

insurrectionnel, il est élu député républicain du parti de l'ordre à la nouvelle assemblée ; conservateur et hostile au socialisme, il appuie la candidature de Louis-Napoléon Bonaparte à la présidence de la nouvelle République. Mais, après le coup d'État du 2 décembre 1851, il se déclare démocrate et socialiste, rejoint les détracteurs du prince-président. Il refuse l'amnistie de 1859 et reste en exil sur les îles Anglo-Normandes jusqu'à l'abdication de Napoléon III. Hugo dénonce la Commune qu'il estime partir « *d'un droit, pour aboutir à un crime* ». Rentré d'exil, il est élu sénateur en 1876 sur une liste de l'Union républicaine, classée à l'extrême gauche, et milite en faveur de l'amnistie des communards.

En 1877, à la dissolution de la Chambre des députés par Mac-Mahon, craignant que les événements ne se répètent, il publie *Histoire d'un crime*, ouvrage dans lequel il fustige le coup d'État du 2 décembre 1851. Sur le plan politique, bien que d'un anticonformisme paradoxal, il apparaît comme un réformiste républicain ; il est réélu sénateur en 1882.
En 1883, Hugo reprend son testament pour y adjoindre ce codicille : « *Je donne cinquante mille francs* [environ 250 000 euros] *aux pauvres. Je désire être porté au cimetière dans leur corbillard. Je refuse l'oraison de toutes les églises ; je demande une prière à toutes les âmes. Je crois en Dieu.* » Il s'endort pour l'éternité en prononçant cette phrase sibylline : « *Je vois une lumière noire !* »

1924, 23 novembre, caveau XXVI

JAURÈS, *Jean*
3 septembre 1859, Castres (Tarn) /
31 juillet 1914, Paris

Fils d'agriculteur, brillant élève, Jean Jaurès est reçu premier au concours d'entrée à l'École normale supérieure. Il en sort agrégé de philosophie. Élu député du Tarn (1885-1889), il devient ensuite adjoint au maire de Toulouse en 1889. Il défend les grévistes des mines de Carmaux, circonscription dont il devient le député en 1893. Chef du Parti socialiste à la Chambre, il y exerce son talent d'orateur et de tribun avec efficacité. En 1901, il fonde le Parti socialiste français, qui l'oppose à Jules Guesde, chef du Parti ouvrier et antidreyfusard. Il fonde le journal *L'Humanité* et crée la Section française de l'Internationale ouvrière (SFIO), qui regroupe toutes les tendances socialisantes. Ses convictions politiques n'influencent ni ses capacités poétiques, ni ses aspirations à une spiritualité métaphysique, comme en témoignent ses écrits.

Victor HUGO, photographié en 1878 par Félix et Paul (?) Nadar.

Ses talents d'orateur sont reconnus de ses admirateurs et le font craindre de ses adversaires. Jaurès suscite de solides amitiés et de profondes inimitiés. Le jour de la déclaration de la Grande Guerre, Jaurès, atteint par deux coups de revolver au café à l'enseigne du Croissant, dans le IIe arrondissement de Paris, s'effondre et expire sur la poitrine de Renaudel, son voisin de table.
Arrêté et conduit au commissariat, l'assassin déclare : « *Je considère M. Jaurès, après sa campagne contre la loi de trois ans, comme un ennemi de la France. Je n'appartiens à aucun parti. Ma mère est internée depuis vingt ans. Je me nomme Raoul Villain.* »
À l'occasion de la translation des cendres du tribun, les chanteurs des rues diffusent des couplets de circonstance *(Jaurès au Panthéon)*, qui se fredonnaient sur l'air *Du gris*, popularisé par la chanteuse Berthe Sylva.

1948, 17 novembre, caveau XXV

LANGEVIN, *Paul*
23 janvier 1872, Paris / 19 décembre 1946, Paris

Élève brillant de l'instruction publique, Paul Langevin remporte tous les concours : celui de l'École normale supérieure en 1884, de l'École supérieure de physique et de chimie industrielle en 1888 et l'agrégation de physique en 1897. Il participe à la Grande Guerre comme ingénieur militaire. Engagé dans tous les combats humanistes, il défend la cause de la révolution bolchevique de 1917 et se mobilise, en vain, pour obtenir la grâce des anarchistes américains Sacco et Vanzetti (1921-1927). Professeur au Collège de France, il devient membre de l'Académie des sciences en 1934 et défend ardemment la théorie de la relativité promue par Einstein dont il est l'ami. Pacifiste convaincu, il devient membre du conseil de présidence du Comité mondial de lutte contre la guerre et le fascisme en 1932, et président fondateur du Comité de vigilance des intellectuels antifascistes en 1934.
Alors président de l'Union rationaliste depuis deux ans, Langevin est arrêté le 30 octobre 1940. Cette arrestation entraîne une réaction des étudiants, qui manifestent pour la première fois contre l'occupant nazi, le 11 novembre, à l'Arc de triomphe, sur la tombe du Soldat inconnu*. Président du Comité de défense laïque et de la Ligue des droits de l'homme en 1945, il est nommé la même année président de la Commission de réforme de l'enseignement par le général de Gaulle, chef du gouvernement provisoire de la République.
Paul Langevin meurt le 19 décembre 1946. Au moment de rendre le dernier soupir, un ultime éclair illumine ses yeux affaiblis et il dit : « *La bonté, la bonté… pour la justice… par la science…* »

Jean JAURÈS, photographie de l'atelier Nadar datant de 1898.

Paul LANGEVIN

1889, 4 août, caveau XXIII

LA TOUR D'AUVERGNE,
***Théophile* Malo Corret de**
23 novembre 1743, Carhaix (Finistère) /
28 juin 1800, Unterhausen (Allemagne)

Élève des jésuites au collège de Quimper, Théophile Corret choisit la carrière des armes en entrant à l'École des cadets, qui deviendra le prytanée militaire de La Flèche. Ses bons résultats le font accéder à l'École militaire de Paris. Il entre aux mousquetaires noirs, qu'il quitte avec un brevet de sous-lieutenant pour le régiment d'Angoumois. De 1767 à la Révolution, il poursuit une carrière sans histoire tout en s'inquiétant de sa généalogie.
En 1780, Corret se présente au duc de Bouillon, prince de La Tour d'Auvergne, qui lui reconnaît une filiation illégitime et l'autorise à joindre au nom de Corret le patronyme de La Tour d'Auvergne, qu'il portera dans l'honneur vers la gloire. Il égale ainsi son prestigieux aïeul maternel, Henri de La Tour d'Auvergne, maréchal de France plus connu comme vicomte de Turenne. En 1799, son courage lui vaudra, sur proposition de Lazare Carnot, le titre de « premier grenadier des armées de la République ».

Le général Muller ayant réuni tous les régiments de grenadiers en un seul corps d'armée de huit mille hommes, la « colonne infernale », il en confie le commandement à La Tour d'Auvergne, déjà vétéran. Aux combats de Schaffhouse, celui-ci fait prisonniers neuf cents soldats russes et s'empare de cinq drapeaux et de deux pièces d'artillerie. Démobilisé, il reprend du service comme simple grenadier en remplacement d'un des dix enfants survivants de son ami le savant Le Briquert, soutien de famille, et rejoint en Suisse l'armée de Masséna.
Nommé membre du corps législatif après le 18 Brumaire, La Tour d'Auvergne refuse de siéger. Napoléon lui offre un sabre d'honneur. Devenu capitaine volontaire dans l'armée du Rhin, au sein de la 46e demi-brigade, il est blessé à mort à Oberhausen. Le nom de La Tour d'Auvergne est gravé sur le côté est de l'arc de triomphe de l'Étoile.
Les héritiers du général Hoche ayant refusé à leur aïeul les honneurs de la nécropole nationale pour le centenaire de la Révolution, les représentants du peuple choisissent de le remplacer par le capitaine volontaire de la 46e demi-brigade, par la loi du 10 juillet 1889.

Théophile CORRET DE LA TOUR D'AUVERGNE

1996, 23 novembre, caveau VI

MALRAUX, Georges *André*,
alias colonel Berger
3 novembre 1901, Paris /
23 novembre 1976, Créteil (Val-de-Marne)

Orphelin de père à l'âge de quatre ans, André Malraux est élevé par sa mère et sa grand-mère dans l'épicerie de sa tante, à Bondy. Lecteur assidu des livres de la bibliothèque municipale, il découvre ainsi sa vocation d'écrivain et d'aventurier.
En 1921, Malraux signe son premier livre, *Lunes en papier*, d'inspiration surréaliste. Son œuvre romanesque (*Les Conquérants*, 1928, *La Voie royale*, 1930, *La Condition humaine*, 1933 – prix Goncourt –, *L'Espoir*, 1937), ses œuvres critiques (*Les Voix du silence*, 1951, *L'Homme précaire et la littérature*, 1977) et ses essais autobiographiques constituant *Le Miroir des limbes* (1976) sont un moyen de lutter, à travers l'écriture, contre la corruption du temps et la condition éphémère de l'humanité. Arrêté en 1923 avec sa femme comme auteur d'un pillage des temples khmers, il échappe aux geôles de Phnom Penh grâce à la mobilisation en France d'intellectuels en sa faveur.
Malraux s'engage aux côtés des républicains lors de la guerre d'Espagne et plus tard entre dans la Résistance sous le pseudonyme de « colonel Berger ». En 1943, il publie son dernier roman, *Les Noyers de l'Altenburg*. Blessé, interné à Toulouse, il est fait Compagnon de la Libération en 1945.
Appelé par le général de Gaulle, Malraux occupe le poste de ministre d'État chargé des Affaires culturelles de la Ve République de 1959 au départ du général, en 1969. Se souvenant de son enfance passée dans une banlieue peu favorisée, il crée les maisons de la culture pour mettre la connaissance au cœur des villes, à la portée de toutes les composantes de la société.

1889, 4 août, caveau XXIII

MARCEAU, *François* Séverin
Marceau-Desgraviers, dit
1er mars 1769, Chartres (Eure-et-Loir) /
21 septembre 1796, Altenkirchen
(Allemagne)

Fils d'un procureur du bailliage de Chartres, délaissé par ses parents à cause de sa chevelure rousse, le jeune François Marceau-Desgraviers est élevé par sa sœur qui le chérira toute sa vie. Volontaire à quinze ans, il s'engage à Metz et gravit les échelons de sous-officier. Il participe à la prise de la Bastille, puis retourne à Chartres comme officier de la garde nationale. Il est lieutenant de cuirassiers, en 1792, durant la défense de la place forte de Verdun, commandée par Beaurepaire*. Commandant en chef de l'armée de l'Ouest, il dégage Bernadotte aux combats de Saumur.
Le 13 juin 1793, la Convention déclare qu'« *il a bien mérité de la patrie* ».
Pendant la campagne de Vendée, Marceau est nommé général par les représentants du peuple réunis à Beaupréau le 16 octobre 1793. Il est victorieux à Cholet, défait Henri de La Rochejaquelein au Mans et à Savenay. Humaniste, il réprime le pillage, protège les femmes, les vieillards et les enfants, interdit les exactions et apporte les soins aux prisonniers blessés. Après la victoire de Savenay qui voit la déroute des troupes de l'armée catholique et royale, il reçoit, à Nantes, les félicitations du Montagnard Jean-Baptiste Carrier. Il part en campagne avec Kléber dans l'Est européen. Il enlève Coblence puis Würzburg, avant de conquérir le Limbourg. Vainqueur à Soutzbach le 17 décembre 1795, il signe l'armistice avec le général autrichien Kray. À la reprise des combats, il arrête l'ennemi à Altenkirchen le 19 septembre 1796, date à laquelle il est blessé mortellement au côté gauche par la balle d'un Tyrolien.

La mort du général MARCEAU, mise en scène dans une gravure du temps montrant l'état-major autrichien venant lui rendre les honneurs.

Le nom de Marceau est gravé sur le côté nord de l'arc de triomphe de l'Étoile, et ses funérailles représentées en bas relief sur la face ouest, au-dessus de l'allégorie du *Départ des volontaires*, en regard de l'avenue des Champs-Élysées. Une partie de ses cendres est transférée au Panthéon pour le centenaire de la Révolution française.

1989, 12 décembre, caveau VII

MONGE, *Gaspard*, comte de Péluse
10 mai 1746, Beaune (Côte-d'Or) /
28 juillet 1818, Paris

Élève des oratoriens de Beaune, Gaspard Monge poursuit ses études de mathématiques à Lyon. Professeur de physique en 1771 à l'école de génie militaire de Mézières, il montre ses talents de géomètre en imaginant le plan d'une fortification imprenable par l'ennemi, quelle que soit sa position. Les places fortes prises au cours des guerres postérieures à ses travaux prouvent qu'il ne fit pas école. Son mariage, en 1777, avec Catherine Huart, propriétaire de forges industrielles dans les Ardennes, l'amène à s'intéresser à la métallurgie et à l'industrie d'armement. Turgot, ministre de Louis XVI, lui confie la chaire d'hydraulique au Louvre. Ministre de la Marine et des Colonies du 10 août 1792 au 10 avril 1793, il élabore un plan de réorganisation du corps maritime et des ports. Il est contraint à démissionner de son poste par l'obstruction systématique des partisans de Brissot.

Fondateur de l'École polytechnique puis de l'École normale des instituteurs, Monge participe à l'expédition d'Égypte et devient président de l'Institut égyptien des sciences et des arts du Caire. Il donne, sur place, l'explication scientifique des mirages. En 1799, il devient député au Conseil des Cinq-Cents, puis au Conseil des Anciens. Favorable au coup d'État du 18 brumaire, il est récompensé par un poste de sénateur et promu dans l'ordre de la Légion d'honneur. Membre de l'Académie des sciences, il est fait comte de Péluse en 1808, en reconnaissance de l'exhaustivité des fouilles réalisées sur le site des pyramides lors de l'expédition d'Égypte.

Inventeur de la géométrie descriptive, Monge effectue des travaux mathématiques qui font autorité dès la publication d'*Application de*

l'algèbre à la géométrie, en 1805, et d'*Application de l'analyse à la géométrie*, en 1819. Il est l'initiateur du principe des rotations contingentes ainsi que de la détermination du sens des équations aux différentielles partielles. Malgré ses mérites scientifiques, il est écarté par la Restauration. La tradition veut que le grand savant soit mort de chagrin d'avoir été chassé de l'École polytechnique et de l'Institut. La translation de ses cendres a eu lieu pour le bicentenaire de la Révolution.
Il est un membre actif de l'Ordre maçonnique en étant dignitaire des loges militaires à L'Union parfaite du corps royal du Génie à Mézières (Ardennes) et membre des Amis réunis à Paris, chevalier Rose-Croix du Rite Écossais Ancien Accepté.

1988, 9 novembre, caveau VI

MONNET, *Jean*, Omer, Marie, Gabriel
9 novembre 1888, Cognac (Charente) /
16 mars 1979, Bazoches-sur-Guyonne (Yvelines)

Fils d'un négociant en vins de Bordeaux et en spiritueux charentais, Jean Monnet est envoyé par son père à Londres pour apprendre le métier, puis dans la province du Manitoba, au Canada, où ses talents de négociateur sont appréciés.
C'est un autodidacte dont la vie sera un véritable roman d'aventures. Pendant la Grande Guerre, il est chargé par René Viviani de coordonner, aux États-Unis, l'action des Alliés dans le domaine de l'approvisionnement des troupes et des pays belligérants. En 1916, il constitue une commission interalliée pour les approvisionnements en blé, le *Wheat Executive*. En 1919, sur la proposition conjointe de lord Balfour et de Georges Clemenceau, il est nommé secrétaire général adjoint à la Société des nations, à Genève. De 1934 à 1936, le maréchal Tchang Kaï-Chek l'appelle en Chine pour mettre en place la réorganisation des voies de communication et du réseau ferré. Le 17 juin 1940, Jean Monnet reçoit le général de Gaulle à son domicile londonien, et prépare avec lui l'Appel qui marque le début de la Résistance. Commissaire en mission du Comité français de libération nationale (CFLN), puis du gouvernement provisoire de la République française du 9 novembre 1943 au 10 septembre 1944, il tente à Alger un rapprochement entre le général de Gaulle et le général Giraud dont il est le conseiller économique depuis mars 1943. Le 5 août, il défend l'idée européenne comme facteur de paix auprès du Comité de libération.
Après la Libération, il crée le Commissariat au Plan pour la reconstruction de l'économie nationale. Il est le premier président de la Communauté européenne du charbon et de l'acier (CECA), de 1952 à 1955. Promoteur de l'Europe unie, il anime le Comité d'action pour les États-Unis d'Europe : il souhaite

Jean MONNET

voir adoptée une structure identique à celle des États-Unis d'Amérique. Le traité de Rome instaurant le Marché commun dans une Europe constituée de six nations associées est signé en 1957.

1964, 19 décembre, caveau VI

MOULIN, *Jean*, alias Rex, Max et Martel
20 juin 1899, Béziers (Hérault) / 8 juillet 1943, entre Metz (Moselle) et Francfort (Allemagne)

L'enfance heureuse de Jean Moulin se déroule au sein d'une famille bourgeoise biterroise. D'abord attiré par une vocation artistique le portant au dessin et à la peinture, il publie, sous le pseudonyme de Romanin, plusieurs dessins et caricatures dans les journaux satiriques de l'époque.

Jean MOULIN

Après des études de droit, Moulin est détaché au cabinet du préfet de l'Hérault. À vingt-trois ans, il est chef du cabinet du préfet de Savoie et, en 1925, devient le plus jeune sous-préfet de France.

Préfet de l'Eure-et-Loir en 1939, mis en disponibilité par le gouvernement de l'État français du maréchal Pétain, il tente de mettre fin à ses jours en se tranchant la gorge avec un rasoir parce que les Allemands lui demandent de signer une fausse déclaration accusant de barbarie les bataillons français composés de Sénégalais.

Selon André Malraux*, Jean Moulin a été « *le Carnot de la Résistance* ». Le 27 mai 1943, il rassemble les principaux chefs de réseaux au n° 48 de la rue du Four, à Paris, pour la première réunion du Conseil national de la Résistance. Il rappelle les buts de la France libre : « *Faire la guerre ; rendre la parole au peuple français ; rétablir les libertés républicaines dans un État d'où la justice sociale ne sera pas exclue et qui aura le sens de la grandeur ; travailler avec les Alliés à l'établissement d'une collaboration internationale réelle sur le plan économique et social, dans un monde où la France aura regagné son prestige*[1]. »

Chargé par le général de Gaulle de réunir les mouvements hétérogènes qui s'opposent à l'occupant, il est le premier président du Conseil national de la Résistance, tandis que Charles Delestraint* est le chef de l'Armée secrète. Il prend le pseudonyme de « Max », en hommage à Max Jacob. Trahi par un membre de son réseau, il est arrêté le 21 juin 1943, au cabinet du docteur Dugoujon à Caluire.

Son martyre et sa panthéonisation lui font quitter l'Histoire pour entrer dans la légende. L'oraison funèbre d'installation au Panthéon est prononcée par le ministre André Malraux*, dont l'apostrophe au héros disparu est restée célèbre : « *Entre ici, Jean Moulin, avec ton terrible cortège*[2]... »

1. Lettre datée du 4 juin 1943, adressée à André Philip, commissaire national à l'Intérieur de la France libre.
2. Extrait de l'oraison funèbre d'André Malraux lors de la translation des cendres de Jean Moulin, le 19 décembre 1964 (in *Œuvres complètes*, Paris, Gallimard, « Bibliothèque de la Pléiade », t. III, 1996, p. 948-955).

1933, 4 novembre, caveau XXV

PAINLEVÉ, *Paul*
5 décembre 1863, Paris / 29 octobre 1933, Paris

Paul Painlevé entre à l'École normale supérieure en 1883 et devient docteur ès sciences quatre ans plus tard. Ses travaux en algèbre et en mécanique des fluides font toujours autorité. Il effectue des recherches et en obtient de tels résultats que les équations différentielles portent dès lors le nom d'« équations de Painlevé » et lui valent le Grand Prix de l'Académie en sciences mathématiques.
Scandalisé par l'affaire Dreyfus, Painlevé quitte sa chaire magistrale pour entrer en politique. Député socialiste du Ve arrondissement, il obtient, dès 1910, des crédits pour l'achat d'aéroplanes destinés à l'armée. Son intérêt pour l'aéronautique s'est manifesté après qu'il eut été le premier passager de l'aviateur Wilbur Wright, le 10 octobre 1908, en parcourant 80 kilomètres. « *La conquête de l'air est maintenant accomplie!* » se serait-il alors exclamé. Dès le début du conflit qui deviendra la Grande Guerre, il crée le Service des inventions pour les besoins de la défense nationale. Président du Conseil et ministre de la Guerre en 1917, il réorganise l'armée et nomme le général Pétain en remplacement de Nivelle – qui envoyait des vagues de « poilus » à la mort par des assauts stériles –, faisant ainsi cesser les mutineries. Président de la Chambre en 1924-1925, puis de nouveau à la tête du gouvernement et ministre de la Guerre, Painlevé participe en 1927 à l'hommage rendu au Panthéon aux 560 Écrivains combattants* de 1914-1918. Il inaugure le ministère de l'Air, nouvellement créé en 1932. Soucieux du développement intellectuel et civique de la jeunesse, il est membre fondateur des Patronages laïcs de France et du Cercle populaire d'enseignement laïc, qui assurent la distraction et la formation des jeunes gens pendant les congés scolaires.

Paul PAINLEVÉ

1948, 17 novembre, caveau XXV

PERRIN, *Jean* Baptiste
30 septembre 1870, Lille (Nord) / 17 avril 1942, New York (États-Unis)

Orphelin de père, Jean Perrin est élevé par sa mère qui l'encourage à l'étude des sciences. Reçu à l'École normale supérieure dans la section scientifique, il intègre la rue d'Ulm en 1891, après un an de service militaire, pour se consacrer à la recherche. Physicien, il effectue des travaux sur le mouvement désordonné des particules en suspension dans les liquides (mouvement brownien). En préparant son doctorat, il démontre que les rayons cathodiques sont les trajectoires de charges négatives en mouvement. Il détermine le nombre d'Avogadro qui donne le nombre de molécules par gramme. En 1901, il est le premier savant à émettre l'hypothèse d'une structure similaire entre l'atome et le système solaire. Durant la Grande Guerre, il sert comme officier du génie, puis est chargé par Paul Painlevé* de perfectionner les moyens de détection acoustique. Après la victoire, il poursuit ses recherches, qui sont couronnées par sa réception à l'Académie des sciences en 1923 et l'obtention du prix Nobel de physique en 1926.

Disciple de Jaurès*, Perrin participe au gouvernement du Front populaire comme sous-secrétaire d'État à la Recherche scientifique. Partisan de la vulgarisation des sciences, il est le fondateur du Palais de la découverte, qu'il inaugure à l'occasion de l'Exposition de 1937, mettant ainsi toutes les disciplines scientifiques à la portée du plus grand nombre. Il gagne l'Afrique du Nord en 1940, puis les États-Unis d'Amérique en 1941, afin de préparer la Résistance et la libération de la France.

1794, 11 octobre, crypte est

ROUSSEAU, *Jean-Jacques*
28 juin 1712, Genève (Suisse) / 2 juillet 1778, Ermenonville (Oise)

Orphelin de mère dès sa naissance, Jean-Jacques Rousseau est élevé par son père, artisan horloger protestant. Il est baptisé dans la foi catholique en 1728 à l'hospice des catéchumènes de Turin. Il est pensionnaire chez Mme de Warens, qui accompagne la conversion de jeunes calvinistes au catholicisme. Remplacé par un rival auprès de sa bienfaitrice, Jean-Jacques Rousseau loue ses services comme laquais chez Mme de Vercellis. Lors de son séjour à Venise en 1744, il est secrétaire de l'ambassadeur de France. Son étude des institutions vénitiennes contribuera à l'élaboration de ses réflexions politiques ultérieures. Il réside à Wootton, en Angleterre (1766-1767), et partage son temps entre les promenades, l'herborisation et la rédaction de ses *Confessions*. C'est durant ce séjour qu'éclate une querelle entre Rousseau et Hume, une affaire à l'origine de l'obsession de persécution qui habitera le philosophe jusqu'à la fin de sa vie.

En 1768, Rousseau épouse la lingère Thérèse Levasseur; il en a cinq enfants qu'il abandonne aux Enfants assistés, amorce de l'institution de l'Assistance publique. Ce dont il se justifiera, lui qui a travaillé au système d'éducation idéal, en disant : « *J'aime mieux être un homme à paradoxes qu'un homme à préjugés.* » Son système d'éducation est tout entier exposé dans l'*Émile*. Sa philosophie, ses idées, opposées à celles des encyclopédistes, sont contenues dans ses maîtres ouvrages que sont *Les Confessions*, *Les Rêveries du promeneur solitaire*, *Du contrat social* et *La Nouvelle Héloïse*. Facilement irritable, il se brouille avec tout son entourage. Il finit ses jours, isolé et solitaire, dans la maison que le marquis de Girardin a mis à sa disposition.

Au Panthéon, les honneurs sont rendus à plusieurs reprises au philosophe genevois.

Jean-Jacques Rousseau est représenté assis dans la partie gauche du fronton de David d'Angers. Tournant ostensiblement le dos à Voltaire*, il médite sur la gloire posthume. Un monument sculpté par Bartholomé en 1912 a par ailleurs été installé, pour le bicentenaire de sa naissance, contre le pilier ouest du dôme, à la croisée du transept.

Jean-Jacques ROUSSEAU, par Houdon.

1949, 20 mai, caveau XXVI

SCHŒLCHER, *Victor*
21 juillet 1804, Paris / 25 décembre 1893, Houilles (Yvelines)

En 1829, Victor Schœlcher découvre la réalité de la servitude des Noirs lors de voyages effectués aux Antilles, en Louisiane et en Floride pour le compte de son père, manufacturier de faïence à Paris. La légende voudrait que le bateau qui l'emportait vers le Mexique avec ses échantillons fît naufrage à la Martinique et qu'il connût ainsi le sort réservé aux esclaves dans les plantations françaises. En 1834, sur le modèle de l'association de l'abbé Grégoire* et de Condorcet*, il crée la Société française pour l'abolition de l'esclavage. Il publie, dès 1840, un texte sur cette question. Opposant résolu à la monarchie de Juillet, il est au Sénégal en tournée d'inspection lorsque Louis-Philippe est renversé. Il rentre immédiatement en métropole pour rallier la nouvelle République.
Schœlcher est sous-secrétaire à la Marine et aux Colonies dans le gouvernement de la IIe République. Appuyé par la faconde d'Alexandre Dumas*, il fait voter le décret du 27 avril 1848, qui reprend les principales idées de l'abbé Grégoire* et abolit définitivement l'esclavage dans l'ensemble des colonies et territoires français. Il est le promoteur de plusieurs mesures d'ordre pratique ; il fait couvrir les wagons de troisième classe d'une toiture et impose le chauffage dans les trains.
Sous le Second Empire, Victor Schœlcher est proscrit par le pouvoir impérial. Il s'exile en Belgique puis en Grande-Bretagne et refuse toutes les amnisties proposées par Napoléon III. Le 4 septembre 1870, il est à l'hôtel de ville de Paris pour la lecture du texte de déchéance de l'empereur et la proclamation de la République. Pendant la Commune, il s'entremet en vain pour obtenir une conciliation avec les versaillais. Arrêté par erreur, il est incarcéré quelques jours et libéré sur l'intervention de Raoul Rigault. En 1875, il est élu sénateur inamovible.
Selon leur volonté de ne jamais être séparés, les cendres du père Marc* et du fils Victor sont réunies dans le même cercueil lors de la préparation de leur translation au Panthéon.
Initié en 1832 à la loge Les Amis de la Vérité, puis membre affilié des loges Aide-toi, le ciel t'aidera !, en 1844, et La Clémente Amitié, puis La Justice du Grand Orient de France.

Victor SCHŒLCHER, photographié par Paul Nadar vers 1875.

2015, 27 mai

TILLION, *Germaine*
30 mai 1907, Allègre / 19 avril 2008, Saint-Mandé

« Toute ma vie j'ai voulu comprendre la nature humaine, le monde dans lequel je vivais [...]. Si l'ethnologie, qui est affaire de patience, d'écoute, de courtoisie et de temps, peut encore servir à quelque chose, c'est à apprendre à vivre ensemble. »

Germaine TILLION,
extrait d'une interview pour *Libération*, 2000.

Née dans une famille auvergnate, de Lucien Tillion, magistrat, et d'Émilie Cussac, écrivain, elle partage avec ses parents leur passion pour

Germaine TILLION

les voyages et l'ethnologie. Installés avec sa sœur Françoise à Saint-Maur-des-Fossés (Seine-et-Oise), ses parents sont les créateurs et les rédacteurs de la collection des Guides bleus des éditions Hachette. À la mort de son mari en 1925, Émilie termine les trois volumes consacrés aux pays d'Europe. Écrivain et critique d'art, elle servira de boîte aux lettres au réseau de Résistance du musée de l'Homme.
Après des études artistiques à l'École du Louvre, Germaine suit les cours du père de l'anthropologie française Marcel Mauss (1872-1950) à la Sorbonne et à l'École pratique des hautes études. S'enrichissant de différents séjours à l'étranger, elle perfectionne ses connaissances dans les langues berbères et poursuit ses travaux sur les populations semi-nomades du nord du Sahel. En 1939, elle assure plusieurs missions pour le CNRS. Son retour voit l'entrée des troupes allemandes dans Paris.
Après l'exode de 1940 avec sa mère, Émilie, elle retrouve leurs amis du musée de l'Homme constitués en réseau de résistance. À trente-deux ans, elle coordonne l'activité de groupes implantés dans plusieurs régions pour l'évasion de prisonniers, comme adjointe de Paul Hauet, colonel en retraite. Après l'arrestation de ses chefs, Germaine Tillion assume des responsabilités de plus en plus importantes. Son grade de commandant dans la Résistance lui sera confirmé à la Libération.
Avec le démantèlement du réseau Gloria infiltré par l'abbé Robert Alesch, agent de l'Abwehr, Germaine et sa mère sont arrêtées le 13 août 1942. Incarcérée six mois et mise au secret à la prison de la Santé, puis à Fresnes, Germaine est néanmoins autorisée à travailler en cellule à sa thèse consacrée à l'étude des institutions de la tribu des Imazighen Abderrahman.
Germaine Tillion est déportée le 31 octobre 1943, n° 24588 à Ravensbrück. Elle analyse sa captivité avec la lucidité de l'ethnologue. Avec l'assistance de ses compagnes étrangères, elle étudie le système criminel concentrationnaire et ses assises économiques pour un témoignage futur. « *Elle le décrit à ses "sœurs de résistance" considérant que la compréhension lucide des événements aide à mieux se défendre et libère de l'angoisse. Elle décortique aussi le système économique qui sous-tend l'organisation du camp et la raison des exterminations systématiques de détenus*[1]. » Sa mère sera déportée du camp de Compiègne à Ravensbrück le 30 janvier 1944 ; épuisée, devenue inapte au travail, elle sera gazée le 2 mars 1945. Émilie Tillion fait partie des quinze femmes dont le nom est inscrit depuis 1949 au Panthéon à la suite de la panthéonisation collective des 197 Écrivains combattants* de la Seconde Guerre mondiale.
Le 23 avril 1945, Germaine Tillion est libérée. De retour en France, elle témoigne, par l'écrit et la parole, des atrocités commises. Ses travaux ethnographiques serviront au CNRS pour l'étude du comportement des bourreaux en univers concentrationnaire. Ils serviront aussi de témoignages dans différents procès après l'épuration.
De 1954 à 1962, elle est chargée par les différents gouvernements de la IVe République de plusieurs missions d'analyse de la situation en Algérie. Ses différentes communications

1. www.germaine-tillion.org.

susciteront des polémiques et leurs préconisations resteront lettre morte. La Ve République la charge, sans succès, de mission auprès du FLN pour des négociations secrètes avec la rébellion algérienne.
Après l'indépendance algérienne, elle effectue plusieurs missions en Afrique du Nord et au Sahel, poursuivant ses travaux ethnologiques pour le CNRS et l'ONU. Nommée directrice de recherche en 1958 à l'École des hautes études en sciences sociales, elle poursuit son enseignement jusqu'en 1980. Avec Geneviève de Gaulle-Anthonioz*, elle est l'une des cinq femmes grand-croix de la Légion d'honneur. Voulant faire partager sa passion pour sa discipline, elle publie à quatre-vingt-treize ans *Il était une fois l'ethnographie*. Germaine Tillion s'éteint à son domicile âgée de plus de cent ans.

1791, 11 juillet, crypte est

VOLTAIRE, *François Marie* Arouet, dit
20 février 1694, Châtenay-lez-Sceaux, aujourd'hui Châtenay-Malabry (Hauts-de-Seine)[1] / 30 mai 1778, Paris

Fils du notaire de Ninon de Lenclos, Voltaire reçoit en héritage de la courtisane la somme de 1 000 livres pour la constitution de sa bibliothèque. Orphelin de mère à sept ans, il est l'élève des jésuites au collège Louis-le-Grand, à Paris. En 1710, il écrit une *Ode à sainte Geneviève*. Il est le bibliothécaire de Mme de Pompadour et l'ami de Marigny qui, devenu intendant des Bâtiments du roi, impose Soufflot* comme architecte de la nouvelle église Sainte-Geneviève. Il est incarcéré à la Bastille durant onze mois pour un pamphlet dont il nie être l'auteur.
À partir de ce jour, Voltaire consacre sa vie à combattre l'injustice. Auteur de théâtre aujourd'hui oublié avec *Brutus, Zaïre, La Mort de César, Mahomet ou le fanatisme*, il publie également des poèmes, mais surtout des contes et des ouvrages à caractère philosophique : *Essais sur les mœurs et l'esprit des nations, Candide ou l'Optimisme, Zadig ou la Destinée, Dictionnaire philosophique, La Loi naturelle*, etc. Anticlérical, rationaliste et adversaire du surnaturel, il combat les dogmes et l'influence de l'Église, invente la formule : « *Écrasons l'infâme !* », en parlant du catholicisme. Apôtre de la tolérance civile et religieuse, il réclame le respect de la vie humaine. Ainsi a-t-il pu dire : « *La guerre est un crime que ne justifie pas la victoire.* » Il lutte contre des faits qu'il juge barbares tels que la pratique de la torture, les incarcérations arbitraires, les peines établies au nom de la religion, la punition du sacrilège ou l'exécution du cadavre des suicidés.
Exilé à Ferney (aujourd'hui Ferney-Voltaire), à la frontière suisse, il meurt à Paris après un retour triomphal dans la capitale. On lui attribue ces dernières paroles : « *Mon Dieu, si vous existez, sauvez mon âme, si j'en ai une !* »
Inhumés dans la chapelle de l'abbaye de Sellières (Aube) puis installés provisoirement dans

VOLTAIRE, atelier de Maurice Quentin de La Tour.

1. Contrairement à une légende bien établie, Voltaire, bien que fils de Parisiens, est né à Châtenay-lez-Sceaux (aujourd'hui Châtenay-Malabry, dans les Hauts-de-Seine) dans la propriété qu'y possédaient ses parents.
Il est cependant exact qu'il fut baptisé à Paris, le 22 novembre 1694, à la paroisse de Saint-André-des-Arts, mais, ainsi qu'il l'écrira lui-même, « *... je suis né en 1694, le 20e février et non le 20e novembre, comme le disent les commentateurs mal instruits* » (lettre du 20 février 1765 à Étienne Noël Damilaville, in *Correspondance*, éd. Theodore Besterman, Paris, Gallimard, « Bibliothèque de la Pléiade », t. VII, 1981).

la crypte de l'ancienne église du couvent des génovéfains, les restes du philosophe sont transférés le 13 décembre 1791[2], avec ceux de Mirabeau*, dans la crypte du nouveau Panthéon français enfin aménagé. Seul le corps de Voltaire repose au Panthéon ; son cœur est dans le salon d'honneur de la Bibliothèque nationale et son cerveau dans le bureau de l'administrateur de la Comédie-Française.
Inquiets de bruits persistants pouvant faire accroire que les corps de Rousseau* et Voltaire auraient été profanés et dispersés, la direction du monument procède, le 18 décembre 1897, à l'ouverture des sépultures et constate que les cercueils contiennent bien des ossements.
Le grand philosophe est honoré sur le fronton de David d'Angers : il est représenté assis parmi les civils, sa couronne de lauriers à la main. Tournant le dos à son adversaire en philosophie Jean-Jacques Rousseau*, il offre un visage reconnaissant à la patrie.
Il est initié franc-maçon *in articulo mortis*, le 7 avril 1778, par la loge Les Neuf Sœurs, son parrain étant l'abbé Cordier de Saint-Firmin, membre actif de l'atelier. Soutenu par les Frères Benjamin Franklin et Court de Gébelin, Voltaire est transporté pour la cérémonie d'initiation en l'hôtel du Grand Orient de France, rue du Pot-de-Fer. Le Vénérable (président de la loge), Joseph Lalande, astronome, lui ceint le tablier d'Helvétius en lui adressant le bref discours de réception : « *Vous étiez franc-maçon avant même que d'en avoir reçu le caractère, et vous en avez rempli les devoirs avant d'en avoir contracté l'obligation entre nos mains…* »

2015, 27 mai

Zay, *Jean*
6 août 1904, Orléans (Loiret) / 20 juin 1944, Molles (Allier)

Jean Zay

« *Le manque de caractère dont ont fait preuve tant de hauts fonctionnaires républicains depuis juin 1940, la facilité avec laquelle ils ont subi les nouveaux maîtres, assumé sans révolte de conscience toutes les besognes qu'on leur imposait, ont illustré tristement l'insuffisance de leur formation civique et professionnelle. La République a payé de leur reniement l'une de ses plus fâcheuses défaillances. Elle avait négligé de surveiller leur recrutement, d'assurer elle-même leur formation : ils ne l'ont pas défendue.* »

Jean Zay, *Souvenirs et solitude*, 6 octobre 1942.

Originaire d'une famille juive de Lorraine, il est le fils d'un notable orléanais, Léon Zay, directeur du journal local *Le Progrès du Loiret*, et d'Alice Chartrain, institutrice protestante. Élève brillant au lycée d'Orléans, il fonde un journal étudiant. Lauréat du concours général en littérature et philosophie, il poursuit des études de droit tout en travaillant sporadiquement pour une étude d'avoué et en réalisant quelques piges pour le journal de son père. Pendant ses études, il s'engage auprès des Jeunesses laïques et adhère, à sa majorité, au Parti radical.
Devenu avocat, il est élu député en 1932. En 1936, nommé sous-secrétaire d'État à la

2. Archives nationales, F^{13} 1935.

présidence du Conseil par Albert Sarrault (1872-1962), il est le plus jeune ministre d'un gouvernement de la IIIe République, choisi par la coalition du Front populaire comme ministre de l'Éducation nationale et des Beaux-Arts. Il entame de profondes réformes pour l'enseignement technique et l'enseignement primaire. Il est à l'origine de la création du Centre national de la recherche scientifique (CNRS) qui verra le jour par le décret du 19 octobre 1939 signé par son successeur Léon Delbos (1885-1956). S'inspirant des travaux de son illustre prédécesseur Lazare Carnot* (1801-1888), il propose la création d'une école supérieure pour la formation des fonctionnaires afin de démocratiser l'accès aux plus hautes fonctions de l'État, qui deviendra en 1945 l'École nationale d'administration (ENA). « *Il n'est pas douteux que le projet rencontrera diverses résistances. Les administrations défendront leurs particularismes […]. D'un autre côté, le projet heurte la tendance trop fréquente qui veut la suppression de toute hiérarchie et le développement de l'avancement à l'ancienneté*[1]. »

Exerçant sa tutelle sur les Beaux-Arts, il instaure les bibliobus pour rendre la culture accessible aux populations les plus éloignées des bibliothèques. Il propose une réforme pour une meilleure accessibilité à tous aux Archives nationales. Il préconise l'application des disciplines sportives comme facteur d'éducation (éducation physique) et du théâtre dans l'enseignement en encourageant les méthodes d'éducation actives. Tous ces projets ne seront réalisés qu'à titre posthume. Imaginé par Jean Zay, malgré une première édition avortée et présidée par Louis Lumière en 1939, le Festival international du film (Festival de Cannes) ne verra son épanouissement qu'à partir de 1946.

Il porte la scolarité obligatoire de treize à quatorze ans. Pour donner à tous les élèves l'égalité des chances, il unifie les méthodes d'enseignement (particulièrement pour les filles) des écoles normales d'institutrices. Afin que les établissements restent « *l'asile inviolable où les querelles des hommes ne pénètrent pas* », il interdit la propagande politique et le prosélytisme religieux, ainsi que le port de signes confessionnels et partisans dans leur enceinte. L'interdiction est étendue aux fournitures et au matériel scolaire qui ne doivent être le support d'aucune publicité. Pour lutter contre la malnutrition infantile, il instaure la généralisation des cantines scolaires.

« *Alors que notre époque a tant manqué de modèles et d'exemples, c'est un grand malheur pour le pays tout entier que Jean Zay ait été sacrifié à l'aube de la Libération. Il aurait été l'un des meilleurs, l'un des animateurs d'une génération qui en a été trop privée. Ceux qui l'ont assassiné ont porté un coup, non seulement à ceux qui l'ont aimé mais à la France tout entière. Mais comment ne pas se désoler tout en étant fier de savoir qu'il a existé des hommes ou des femmes capables de sacrifier leur vie pour l'idée qu'ils portent en eux*[2] *?* »

Engagé volontaire dès le début du second conflit mondial, sous-lieutenant en 1940, il est autorisé à rejoindre le Parlement à Bordeaux puis embarque avec vingt-cinq parlementaires pour la désastreuse odyssée du *Massilia*. Arrêté à Rabat (Maroc) pour désertion, ramené en métropole, il est condamné à la dégradation militaire et à la déportation à vie. Enfermé au quartier spécial de la prison de Riom (Puy-de-Dôme), il y rédige son journal posthume, *Souvenirs et solitude*.

Le 20 juin 1944, Henri Millou, responsable de la sécurité de la Milice à Vichy, et les miliciens Charles Develle et Pierre Cordier l'extraient de la maison d'arrêt, prétextant un transfert à la centrale de Melun (Seine-et-Marne). Il est assassiné par le milicien Henri Millou au lieu-dit Les Malavaux dans la faille du Puits-du-Diable, à Molles (Allier).

Initié franc-maçon le 27 mai 1906 à la loge Étienne Dolet à l'Orient d'Orléans au Grand Orient de France.

Jean Zay fut pour l'Éducation nationale au XXe siècle ce que furent Condorcet* et Monge* pour l'Instruction publique sous la Révolution et sous l'Empire.

1. Michel Debré, *Recueil hebdomadaire de jurisprudence*, n° 7, Dalloz, 1938, chronique IV, p. 17-20.
2. Pierre Mendès France, préface à *Souvenirs et solitude*.

1908, 4 juin, caveau XXIV

ZOLA, *Émile* Édouard Charles Antoine
2 avril 1840, Paris / 29 septembre 1902, Paris

Après avoir été employé à l'administration des Docks de Paris en 1860, puis chef de publicité chez l'éditeur Hachette en 1862, Émile Zola se consacre à la poésie, au journalisme et à la littérature. Dans son œuvre maîtresse, le romancier naturaliste décrit les mœurs des Français du XIXe siècle avec un tel réalisme que les vingt volumes des *Rougon-Macquart* lui assurent une célébrité jamais démentie. Les publications d'ouvrages aujourd'hui un peu oubliés que sont *Lourdes, Rome* et *Paris* dépassent à chaque tirage les cent mille exemplaires.
En 1898, Zola lance une campagne de presse en faveur du capitaine Dreyfus qu'il estime être injustement accusé de trahison. Son manifeste, intitulé « J'accuse... ! », est adressé à Félix Faure, président de la République, sous la forme d'une lettre ouverte publiée à la une du journal *L'Aurore*, le 13 janvier. Tout le monde en parle, mais qui connaît ce texte qui remua les foules et fut à l'origine de ce qui devint « l'affaire Dreyfus », et aboutit à la révision du procès et à la réhabilitation de l'officier dégradé ? En voici des extraits significatifs :

« *Ils* [les juges] *ont rendu une sentence inique, qui à jamais pèsera sur nos conseils de guerre, qui entachera désormais de suspicion tous leurs arrêts. Le premier conseil de guerre a pu être inintelligent, le second est forcément criminel. [...]*

J'accuse [...] le premier [...] d'avoir violé le droit, en condamnant un accusé sur une pièce restée secrète, et j'accuse le second [...] d'avoir couvert cette illégalité, par ordre, en commettant à son tour le crime juridique d'acquitter sciemment un coupable. [...]

Je n'ai qu'une passion, celle de la lumière, au nom de l'humanité qui a tant souffert et qui a droit au bonheur. Ma protestation enflammée n'est que le cri de mon âme. Qu'on ose donc me traduire en cour d'assises et que l'enquête ait lieu au grand jour !

J'attends. »

Le journaliste est condamné à payer les frais du procès et les 30 000 francs-or de dommages et intérêts alloués par la cour d'appel aux experts du procès de l'officier français Esterházy, acquitté par le conseil de guerre. Condamné à un an de prison, il s'exile à Londres. Le 5 juin 1899, le jugement ayant été cassé, il revient à Paris.
Émile Zola meurt en 1902, asphyxié durant son sommeil à son domicile.

Émile ZOLA,
photographie de Félix Nadar, 1876.

Deuxième Année. — Numéro 87
Cinq Centimes
JEUDI 13 JANVIER 1898
Directeur
ERNEST VAUGHAN
ABONNEMENTS
POUR LA RÉDACTION
S'adresser à M. A. BERTHIER
AURORE-PARIS
L'AURORE
Littéraire, Artistique, Sociale
Directeur
ERNEST VAUGHAN
LES ANNONCES SONT REÇUES :
142 — Rue Montmartre — 142
ADRESSER LETTRES ET MANDATS :
à M. A. BOUIT, Administrateur

J'Accuse...!
LETTRE AU PRÉSIDENT DE LA RÉPUBLIQUE
Par ÉMILE ZOLA

Ils sont panthéonisés, mais leurs cendres reposent ailleurs

Les premières panthéonisations se sont effectuées sous la pression des événements insurrectionnels et subissent les aléas des variations politiques : arrivées pompeuses et/ou sanglantes (Mirabeau*, Le Peletier de Saint-Fargeau*, Marat*). L'incidence des victoires ou des défaites ne permet pas toujours de réaliser les vœux des célébrations civiques et de rendre les honneurs qui leur sont dus aux héros de la Révolution naissante. Parfois il est impossible de disposer des corps, en totalité ou en partie, de ceux que la patrie désire honorer : certains sont inhumés derrière les lignes ennemies (Dampierre*, Beaurepaire*) ; d'autres sont dispersés aux vents de l'Histoire (Chalier*) ou des insurrections locales (Fabre de l'Hérault*, Simonneau*, Joseph Sauveur), certains ont disparu dans les flots ou dans des gouffres insondables (marins du *Vengeur du peuple**, Malignon*). Des célébrations sont différées *sine die* par suite des évolutions de la situation politique du moment (Bara*, Viala*, Descartes*, Diderot*) ou faute de temps et… de financement pour la translation des cendres (504 Combattants des Trois Glorieuses*, Benjamin Constant*, François de La Rochefoucauld-Liancourt*, Maximilien Foy* et Jacques-Antoine Manuel*). Pour la plupart des panthéonisés dont les cendres ne bénéficient pas du repos éternel dans la crypte du monument, une phrase en lettres d'or rappelle leur nom et leur sacrifice (Les Justes de France*, Toussaint Louverture*, Delgrès*, Césaire*). Leur patronyme figure sur une plaque votive individuelle (Delestraint*, Bergson*, Saint-Exupéry*), ou dans la liste (presque) exhaustive d'une collectivité panthéonisée (Écrivains combattants* des deux guerres mondiales, héros des Trois Glorieuses*).

Portrait imaginaire de Joseph BARA en habit militaire.

1794, 28 juillet

BARA, *Joseph* Barra, dit
30 juillet 1779, Palaiseau (Essonne) /
7 décembre 1793, Jallais (Maine-et-Loire)

Neuvième des dix enfants du garde-chasse du château de Palaiseau, le jeune Joseph Bara s'engage comme volontaire au 8e régiment des hussards, qui appartient au prince de Condé. Sous les ordres du commandant Desmarres, il est à la fois tambour et palefrenier. Aux combats de Cholet, le 30 novembre 1793, il fait deux prisonniers.
Conduisant quelques chevaux se désaltérer à un point d'eau, Bara est assailli par des voleurs vendéens dont le chef lui ordonne de lui remettre les montures et de crier : « *Vive le roi !* » La légende républicaine prétend qu'en tombant sous les coups des maraudeurs, il aurait crié : « *Vive la République !* », plutôt que le plus vraisemblable : « *Va te faire f…, brigand !* », rapporté par les responsables de l'exaction à leur chef. Robespierre, comprenant le parti qu'il peut tirer de l'histoire pour exalter les vertus républicaines, décide d'en faire un héros civique et propose qu'il soit inhumé au Panthéon. L'Histoire ne lui en laissera pas le temps.
Le 28 décembre 1793, la Convention vote le décret qui prévoit la translation de ses cendres pour le 18 juin 1794. L'événement est repoussé au 28 juillet (10 thermidor). Les conséquences de la chute de Robespierre, survenue le 27 juillet (9 thermidor), diffèrent *sine die* la panthéonisation.

1792, 12 septembre

BEAUREPAIRE, *Nicolas* Joseph
7 janvier 1740, Coulommiers (Seine-et-Marne) / 2 septembre 1792, Verdun (Meuse)

Fils d'un épicier briard, Nicolas Beaurepaire s'engage dans le régiment royal des carabiniers en 1773. Capitaine en 1786, il est élu par ses hommes, cinq ans plus tard, lieutenant-colonel commandant le 1er bataillon de Maine-et-Loire.

Nicolas BEAUREPAIRE

En 1792, déplacé en Bretagne, il quitte Guérande avec ordre de se porter devant l'armée de Brunswick à Verdun. Il perd une partie de ses effectifs en cours de route. Sur les huit cents soldats qu'il conduit, cinq cent quatre-vingt-six seulement arrivent en garnison à Verdun pour renforcer la place. Après avoir remis de l'ordre, il est enfin prêt à affronter l'ennemi dans une place forte abandonnée le 30 août par le général Galbaud, qui jugeait la position intenable. Le conseil communal, réuni en conseil de défense le 1er septembre, décide de se rendre plutôt que de combattre. Beaurepaire s'oppose au défaitisme ambiant en assurant qu'en fixant l'ennemi il protège la capitale. Cette attitude cause définitivement sa perte. *Il aima mieux se donner la mort que de capituler devant les tyrans* : cette inscription, falsifiant les circonstances exactes de sa mort, devait figurer sur sa sépulture.
Le lendemain de son assassinat masqué en suicide, la place dépose les armes ; le roi de Prusse passe en revue la garnison et autorise son départ. Le corps de Beaurepaire, transporté hors des lignes, est inhumé le 3 septembre 1792 au cimetière du château à Sainte-Menehould. Malgré le décret de panthéonisation voté par l'Assemblée le 12 septembre 1792, malgré la volonté populaire, le corps ne fut jamais transféré au Panthéon.
Le nom du lieutenant-colonel Beaurepaire est immortalisé sur le côté nord de l'arc de triomphe de l'Étoile.

1967, 11 mars

BERGSON, *Henri*
18 octobre 1859, Paris / 4 janvier 1941, Paris

Fils d'un émigré juif polonais, Henri Bergson entre, en 1878, à l'École normale supérieure, après de brillantes études au lycée Condorcet à Paris. Il est reçu deuxième, après Jean Jaurès, à l'agrégation de philosophie. Professeur, il est promu maître de conférences dans son établissement d'origine, puis obtient, en 1900, la chaire de philosophie grecque et latine au Collège de France. Il est élu à l'Académie française en 1914 ; en raison de la Grande Guerre, la cérémonie de réception n'aura lieu qu'en 1918. Il persuade le président Wilson de rompre la neutralité américaine en 1917. Favorable à une entente universelle, il prend, en 1925, la présidence de l'Office international de coopération intellectuelle à la Société des Nations. Il obtient le prix Nobel de littérature en 1927, et se voit élevé à la dignité de grand-croix de la Légion d'honneur en 1930. Sa thèse de doctorat, *Essai sur les données immédiates de la conscience*, est publiée en 1889, suivie par *Matière et mémoire* en 1896. Faisant appel aux données nouvelles de la psychologie, Bergson explore différentes voies philosophiques dans *Le Rire, essai sur la signification du comique* (1899), *L'Évolution créatrice* (1907), *Les Deux Sources de la morale et de la religion* (1932), où, grâce à la perception intuitive, il établit l'existence et la nature de Dieu. La plupart de ses articles de revues et de ses textes de conférences sont édités dans *L'Énergie spirituelle* (1919) et *La Pensée et le Mouvant* (1934). Attiré par le catholicisme, Bergson renonce à se convertir en raison de la montée de l'intolérance et des persécutions antijuives.
Contre le pilier est de la croisée du transept, une inscription votive, dévoilée le 11 mars 1967, est gravée :

À Henri Bergson,
MDCCCLIX-MCMXLI,
philosophe dont l'œuvre et la vie
ont honoré la France
et la pensée humaine.

2011, 6 avril

CÉSAIRE, *Aimé* Fernand David
26 juin 1913, Basse-Pointe (Martinique) / 17 avril 2008, Fort-de-France (Martinique)

Fils d'un fonctionnaire des Contributions et d'une couturière, Aimé Césaire naît le 26 juin 1913 à Basse-Pointe en Martinique. Boursier au lycée Victor-Schœlcher de Fort-de-France, il poursuit ses humanités à Paris en 1931, où il se lie avec Léopold Sédar Senghor, poète promis à l'Académie française et futur président du Sénégal.
En 1935, reçu à l'École normale supérieure, Aimé Césaire est élu à la tête de l'Association des étudiants martiniquais en France et anime avec son ami Senghor le journal *L'Étudiant noir*, dans lequel ils définissent ainsi le concept de négritude : « *La Négritude est la simple reconnaissance du fait d'être noir, et l'acceptation de ce fait, de notre destin de Noir, de notre histoire et de notre culture.* »
Il se marie en 1937 avec Suzanne Roussi, Martiniquaise dont il aura six enfants. En 1939, la revue *Volontés* publie la première version de son *Cahier d'un retour au pays natal* alors qu'il regagne la Martinique. De 1941 à 1945, Suzanne et Aimé Césaire, professeurs de lettres, créent puis dirigent la revue *Tropiques*, qui réunit l'élite intellectuelle résistante insulaire et qui joue, après la rencontre avec André Breton, un rôle prépondérant dans la prise de conscience d'un monde littéraire, culturel et politique antillais. En 1944, un séjour à Haïti raffermit les idées d'Aimé et Suzanne Césaire quant à l'attitude des milieux d'origine européenne vis-à-vis de la communauté noire et métisse, relatée dans *Toussaint Louverture, La Tragédie du roi Christophe* et *Le Grand Camouflage, écrits de dissidence (1941-1945)*.
À la Libération, Césaire est élu maire de Fort-de-France et député de la Martinique. En 1946, il est le rapporteur de la loi transformant les anciennes colonies de la Guadeloupe, Guyane, Martinique et Réunion en départements d'outre-mer – tandis que paraît son recueil *Les Armes miraculeuses* exaltant la noblesse de la négritude.

En 1993, Aimé Césaire renonce à son mandat de député puis en 2001 à celui de maire de Fort-de-France après cinquante-six ans d'action politique ininterrompue. De 1956 à la fin de sa vie, sa production enrichit la poésie française de pièces redonnant une dignité à la négritude et au métissage inclus dans la citoyenneté, faisant à la fois de l'homme politique et du poète une valeur exemplaire digne du Panthéon des grands hommes.
Son décès, le 17 avril 2008, est suivi d'obsèques nationales au cimetière La Joyau à Fort-de-France. Respectant son désir de reposer sur le sol natal, la représentation nationale l'honore au Panthéon par l'inscription apposée sur le mur à gauche de l'entrée du caveau XXVI où reposent Victor Schœlcher*, le second libérateur des esclaves (après l'abbé Grégoire*), Félix Éboué*, le Guyanais artisan de la Libération, et où sont honorés Louis Delgrès* et Toussaint Louverture*, opposants au rétablissement de l'esclavage « *pour que vive la liberté* ».

Aimé Césaire
poète, dramaturge, homme politique
martiniquais (1913-2008)
député de la Martinique (1945-1993)
et maire de Fort-de-France (1945-2001)
Inlassable artisan de la décolonisation, bâtisseur
d'une « négritude » fondée sur l'universalité
des droits de l'homme « bouche des malheurs
qui n'ont point de bouche ».
Il a voulu donner au monde, par ses écrits
et son action, « la force de regarder demain ».
« J'habite une blessure sacrée
j'habite des ancêtres imaginaires
j'habite un vouloir obscur
j'habite un long silence
j'habite une soif irrémédiable ».

L'hommage inscrit sur la pierre reprend les premiers vers du poème *Calendrier lagunaire* dont Aimé Césaire avait demandé l'inscription sur sa pierre tombale.

1793, 20 décembre

CHALIER, Marie *Joseph*
12 septembre 1747, Beaulard (Piémont, aujourd'hui Savoie) / 16 juillet 1793, Lyon (Rhône)

Ancien ecclésiastique italien reconverti dans le commerce des soieries avec son pays d'origine, Joseph Chalier est élu juge et officier municipal de Lyon en 1791. Président du tribunal de commerce de cette ville, il devient le porte-parole des ouvriers en soierie contre la mairie girondine. Président du district de Lyon, il s'oppose à la conception fédéraliste de la République que manifestent les élites lyonnaises. Il chasse les Girondins de l'hôtel de ville le 6 février 1793, accentue la pression fiscale contre la bourgeoisie marchande et dresse des listes de proscriptions. En mai 1793, les Lyonnais voulant marquer leur hostilité envers les directives venues de Paris et la création de l'impôt sur les riches se soulèvent. La bourgeoisie et les royalistes locaux se découvrent un même intérêt. Les comtes de Précy et de Virieu chassent les Montagnards, arrêtent Chalier et l'envoient devant un tribunal acquis à leur cause, qui le condamne à mort. La guillotine, qui n'avait jamais été utilisée à Lyon, est dressée pour la circonstance sur la place des Terreaux.

Aimé CÉSAIRE

Le bourreau s'y reprend à plusieurs fois pour décapiter Chalier. Cette exécution déclenche une répression par la Convention jacobine. La rupture entre Paris et Lyon est consommée avec la parution du désastreux décret du 21 vendémiaire an II (12 octobre 1793) proclamant : « *La ville de Lyon sera détruite [...]. Le nom de Lyon sera effacé du tableau des villes de la République. La réunion des maisons conservées portera désormais le nom de "Ville affranchie". Il sera élevé sur les ruines de Lyon une colonne qui attestera à la postérité les crimes et la punition des royalistes de cette ville, avec cette inscription :* Lyon fit la guerre à la Liberté ; Lyon n'est plus ! » La Convention vote par acclamation la translation des cendres de Chalier au Panthéon : après Mirabeau*, Marat*, Voltaire* et Rousseau*, il doit être le cinquième panthéonisé. Seule la tête de Chalier parvient à Paris, mais n'arrive pas jusqu'au Panthéon. Après avoir été l'objet de plusieurs commémorations civiques, le crâne du révolutionnaire est déposé dans un reliquaire à Notre-Dame de Paris, lorsque la cathédrale se trouve transformée en temple de la Raison.

1831, 6 juillet

Combattants des Trois Glorieuses, 504 27, 28 et 29 juillet 1830

Charles X, par la promulgation des ordonnances, rétablit le pouvoir absolu : « *Les concessions ont perdu Louis XVI, je n'ai qu'à monter à cheval ou en charrette.* » Le 25 juillet 1830, conformément à l'article 14 de la Charte qui lui confère « *le pouvoir de faire les règlements et les ordonnances nécessaires pour l'exécution des lois et la sécurité de l'État* », il signe une succession d'ordonnances qui stipulent :

- la suppression de la liberté de la presse;
- la dissolution de la Chambre;
- la modification de la loi électorale renforçant le cens qui réduit le corps électoral à 25 000 électeurs.

Dès la parution des nouvelles dispositions supprimant la liberté de la presse, Thiers publie un texte s'y opposant : « *Le gouvernement a violé la légalité, nous sommes dispensés d'obéir.* » Le 27 juillet, les imprimeurs privés de travail se répandent dans les rues en entraînant les ouvriers et les artisans des autres corporations. L'insurrection s'organise avec, à sa tête, Godefroy Cavaignac et une soixantaine d'élèves de l'École polytechnique. Les forces de l'ordre, 8 000 hommes sous l'autorité du maréchal Marmont, s'attaquent aux barricades qui se dressent dans toute la capitale. La population s'associe aux insurgés. Le 28 juillet, les troupes royales comptent 2 500 tués et blessés dans leurs rangs. Beaucoup de soldats rejoignent les révolutionnaires. Le 29 juillet, le peuple en armes attaque le Louvre, grossi des deux régiments déserteurs de la place Vendôme. Les gardes suisses qui défendent le palais, gardant en mémoire les massacres du 10 août 1792, s'enfuient, abandonnant le Carrousel et les Tuileries. Le 29 juillet, à 14 heures, les insurgés sont maîtres de la capitale, déplorant 800 morts et 4 500 blessés. Le 30 juillet, un manifeste placardé sur les murs de Paris appelle le duc d'Orléans à remplacer Charles X. Il substitue le drapeau tricolore au drapeau blanc, il accepte la Charte, avec Louis-Philippe, « *... c'est le peuple français qui portera la couronne !* ».

Le recensement des victimes des journées révolutionnaires est effectué dès la publication de l'ordonnance du 27 août 1830 proposant le transfert au Panthéon des cendres de Benjamin Constant*, de François de La Rochefoucauld-Liancourt*, de Maximilien Foy* et de Jacques-Antoine Manuel* (confirmation par la loi du 11 décembre 1830, article 5). L'ordonnance du 6 juillet 1931 propose d'y joindre les cendres de ceux qui portèrent Louis-Philippe d'Orléans au pouvoir. Les translations n'eurent jamais lieu et seules les plaques d'airain sont dévoilées dans la crypte le 29 juillet 1831, commémorant l'anniversaire des Trois Glorieuses et du sacrifice de 504 de ses artisans.

En juillet 1840, les corps rassemblés à partir des différents points d'inhumation sont mis au tombeau dans un caveau aménagé dans le tambour de la colonne de Juillet érigée sur la place de la Bastille. Leur nom est inscrit du haut en bas de la colonne. Une inscription est gravée sur le muret de la sépulture :

Ici reposent les corps des citoyens français qui s'armèrent pour la défense des libertés publiques les 27, 28, 29 juillet 1830.

1830, 11 décembre

CONSTANT, *Benjamin*, Henri, Constant de Rebecque, dit
25 octobre 1767, Lausanne (Confédération helvétique) / 8 décembre 1830, Paris

Issu d'une famille de protestants français de l'Artois réfugiés en Suisse au XVIIe siècle, orphelin de mère dès sa naissance, Benjamin de Rebecque suit son père militaire, dans ses différentes garnisons européennes. En 1782, il entre à l'université d'Erlangen (Bavière, Allemagne), puis à celle d'Édimbourg (Écosse) en 1783. En 1788, il est au service du duc de Brunswick à la cour duquel il épouse Wilhelmine von Cramm.

Benjamin CONSTANT

Le 19 septembre 1794, Benjamin Constant tombe amoureux de la fille de Necker, Germaine de Staël, dont il a une fille, Albertine, deux ans après son divorce. En 1796, installé au domaine de Hérivaut près de Luzarches (Seine-et-Oise, aujourd'hui Val-d'Oise), il collabore au *Moniteur* en publiant un article sous le titre « De la force du gouvernement actuel », véritable panégyrique du Directoire. Après le coup d'État de fructidor (septembre 1797), il rassure la bourgeoisie sur les intentions de Barras. Devenu citoyen français, il constitue, inspiré par Mme de Staël, le Comité des Lumières, cercle intellectuel d'opposition au Premier Consul.
Lassé des disputes permanentes avec Madame de Staël, Benjamin se remarie en 1808 avec Charlotte de Hardenberg et rompt définitivement avec son inspiratrice.
En 1813, il publie un pamphlet, *De l'esprit de conquête et de l'usurpation dans leurs rapports avec la civilisation européenne*, qui lui apporte l'amitié de Juliette Récamier, adversaire résolue de l'Empire. Benjamin Constant manifeste son opposition au régime impérial en rédigeant, le 19 mars 1815, dans *Le Journal des débats*, un article fustigeant le retour de Napoléon qui, soucieux de se concilier les libéraux, le nomme le 20 avril au Conseil d'État pour qu'il rédige l'*Acte additionnel* aux Constitutions de l'Empire. Après Waterloo, Napoléon prend le large vers Sainte-Hélène et Benjamin Constant vers l'Angleterre.
De retour en France, en juin 1816, il publie son roman *Adolphe*, est élu plusieurs fois député et défend avec âpreté la liberté de la presse contre la censure que veut imposer le gouvernement conservateur de Charles X. Il représente l'opposition libérale et collabore activement aux périodiques *Le Mercure, La Minerve, La Renommée* et publie les *Mémoires sur les Cent-Jours, De la religion considérée dans sa source, ses formes et ses développements* (publication posthume en 1831), des *Réflexions sur la tragédie* en 1829.
Après les Trois Glorieuses, le 31 juillet 1830, fatigué et malade, il accompagne à l'Hôtel de Ville de Paris Louis-Philippe d'Orléans qui le promeut au Conseil d'État, le 27 août. Il meurt d'épuisement quatre mois après sa nomination.

Ses obsèques nationales donnèrent lieu à des émeutes dans la nuit du 21 au 22 décembre 1830, la foule voulant obliger le convoi à déposer le cercueil de l'écrivain au Panthéon avec les bustes de Ney et de Manuel*. Le préfet de la Seine obtint que les bustes fussent déposés à l'Hôtel de Ville et que le corbillard se rendît à sa destination première : le cimetière du Père-Lachaise.
L'ordonnance du 27 août 1830 propose le transfert au Panthéon de ses cendres avec celles de François de La Rochefoucauld-Liancourt*, de Maximilien Foy* et de Jacques-Antoine Manuel* (confirmation par la loi du 11 décembre 1830, article 5). Pour des raisons mystérieuses, la translation n'eut jamais lieu. Au Panthéon, Benjamin Constant figure parmi les Orateurs et publicistes de la Restauration, ciselés sous une Gloire portant la flamme de la Renommée dans le groupe sculpté par Laurent Marqueste, adossé au pilier nord-est de la croisée du transept.

1989, 10 novembre

DELESTRAINT, *Charles*, alias *Vidal*
12 mars 1879, Biache-Saint-Vaast (Pas-de-Calais) / 19 avril 1945, Dachau (Allemagne)

Après de brillantes études chez les maristes d'Haubourdin, Charles Delestraint entre, en 1897, à l'École spéciale militaire de Saint-Cyr. Capitaine en 1913, il s'intéresse très tôt à l'arme blindée. En août 1914, il est fait prisonnier et termine la Grande Guerre au camp de Plassemburg, en Allemagne.
En 1923, Delestraint est affecté au 517e régiment de chars de combat à Düren, en zone d'occupation. Promu colonel en 1932, il prend le commandement du 505e RCC à Vannes. Général en 1936, il commande la 3e brigade de chars à Metz ; il a comme subordonné le colonel de Gaulle, à la tête, comme lui naguère, du 505e RCC. D'un commun accord, ils intercèdent pour une utilisation des blindés comme arme à part entière. La défaite de 1940 donne raison aux deux Charles, qui voient le général allemand Guderian utiliser les blindés comme arme autonome et offensive, selon des méthodes qu'ils préconisaient. Refusant la capitulation, Delestraint entre en résistance. Sur proposition de Jean Moulin*, le général de Gaulle le nomme responsable militaire en chef de l'Armée secrète. Il fusionne les réseaux armés et prend le pseudonyme de « Vidal ». Il est arrêté à Paris, sur dénonciation, deux semaines avant Jean Moulin*. Déporté à Dachau, en Bavière, Delestraint est abattu d'une balle dans la nuque, une semaine avant la libération du camp de concentration par les troupes américaines. Son corps est incinéré dans le four crématoire du camp et ses cendres dispersées avec celles des autres prisonniers assassinés. Le 10 novembre 1989, l'épitaphe suivante est gravée au-dessus du linteau de gauche, dans la nef sud :

À la mémoire du général Delestraint,
chef de l'Armée secrète,
Compagnon de la Libération.

Charles DELESTRAINT

1998, 27 avril

Delgrès, *Louis*
2 avril 1776, Saint-Pierre (Martinique) / 28 mai 1802, Le Matouba (Guadeloupe)

Fils d'un créole administrateur de Tobago, Louis Delgrès sert comme soldat dans les troupes du général Rochambeau, gouverneur de la Martinique, après avoir été milicien en 1783. Il est lieutenant volontaire au bataillon des Antilles de Brest et débarque en Guadeloupe en 1795.

Officier, Delgrès se méfie des incidences de la politique du Premier Consul, qui s'appuie sur les propriétaires blancs favorables au rétablissement de l'esclavage aboli par la Convention le 16 pluviôse an II (4 février 1794). Les faits lui donnent raison. Bonaparte envoie, en mai 1802, le général Richepanse pour restaurer l'autorité de la métropole et rétablir l'esclavage. Le 10 mai, Delgrès lance à l'univers tout entier le dernier cri de l'innocence et du désespoir dans une proclamation qui est dans la mémoire de chaque habitant de la Guadeloupe. Après avoir évacué le fort Saint-Charles, il se retranche avec trois cents hommes dans son quartier général d'Anglemont au Matouba. Le 28 mai, entraînant dans leur sacrifice une partie de l'avant-garde de Richepanse, ils s'immolent sur l'autel de la patrie en se faisant sauter dans une explosion gigantesque. Cet acte héroïque illustre pleinement la devise révolutionnaire gravée sur le monument de la Convention dans le chœur du Panthéon : *Vivre libre ou mourir !*

Contre la paroi latérale droite de l'entrée du caveau XXVI, auprès des amis des Noirs, Jaurès*, Schœlcher*, Éboué*, est gravée l'inscription suivante – dévoilée le 27 avril 1998, en même temps que celle de Toussaint Louverture :

À la mémoire de Louis Delgrès,
héros de la lutte contre le rétablissement
de l'esclavage à la Guadeloupe,
mort sans capituler
avec trois cents combattants au Matouba
en 1802 pour que vive la liberté !

1793, 17 octobre

Descartes, *René*
31 mars 1596, La Haye, aujourd'hui Descartes (Indre-et-Loire) / 11 février 1650, Stockholm (Suède)

Issu d'une famille de petite noblesse, orphelin de mère à un an, René Descartes fait ses humanités au collège des jésuites de La Flèche et termine ses études à l'université de Poitiers, qu'il quitte diplômé de théologie et de droit civil. La plupart de ses œuvres philosophiques sont écrites lors de sa résidence aux Pays-Bas où il vit durant vingt-trois ans. Il voyage en Europe et enrichit ses connaissances qui serviront de base à sa philosophie, résumée par la formule : *Cogito ergo sum* – « Je pense, donc je suis » –, et développée dans le *Discours de la méthode pour bien conduire sa raison et chercher la vérité dans les sciences* (1637). Il fonde sa réflexion sur les mathématiques et la raison humaine. *La Dioptrique* (1637) « *associe d'une manière inédite la science au sens moderne (modélisation de la lumière), la théorie philosophique de la perception et un rationalisme technique immédiatement dérivé de la connaissanc de la nature. Sous la domination des mêmes lois, la nature devient mécanique et les machines naturelles. L'explication des phénomènes, des plus communs, comme le sel ou la neige, aux plus rares et surprenants, comme les faux soleils, abandonne les facilités souvent complexes des qualités de la physique médiévale pour l'analyse de la figure et du mouvement des corps. Cette révolution dans l'objet de la physique est rendue possible, de l'aveu de Descartes même, par une métaphysique nouvelle, dont l'un des enjeux est de distinguer entre ce qui relève absolument de l'âme, c'est-à-dire la pensée, ce qui dépend du seul corps, et enfin ce qui dépend de leur union, par exemple la sensation et les passions*[1] ».

Appelé à la cour de Suède par la reine Christine, Descartes meurt à Stockholm, victime de la rudesse du climat nordique.

1. Frédéric de Buzon, maître de conférences à l'université Paris-XII, conservateur du musée Descartes à Descartes.

Il laisse inachevé son dernier ouvrage, *La Recherche de la vérité par la lumière naturelle.* À sa disparition naît le cartésianisme. En plus du *Discours de la méthode*, son œuvre se compose principalement des *Méditations métaphysiques* (1641), du *Traité de l'homme* (1648) et des *Passions de l'âme* (1649). Malgré le décret de panthéonisation, le corps de Descartes est resté dans la sépulture qui lui fut affectée en 1819, dans la crypte de l'église Saint-Germain-des-Prés.

1913, 5 octobre

DIDEROT, *Denis*
5 octobre 1713, Langres (Haute-Marne) / 31 juillet 1784, Paris

Denis DIDEROT, portrait de Michel Van Loo, exposé au Salon de 1767 et jugé « *assez ressemblant* », « *très vivant* » par l'intéressé.

Le père de Denis Diderot, coutelier, lui fait faire ses études au collège des jésuites de sa ville natale. Maîtrisant l'anglais, Diderot traduit le *Dictionnaire universel de médecine* de Robert James et les *Essais* du philosophe Ashley Shaftesbury. Établi à Paris, il publie des ouvrages de philosophie et de littérature aussi éclectiques que : *La Promenade du sceptique* (1747), des *Mémoires sur différents sujets de mathématiques* (1748), *Les Bijoux indiscrets* (1748), *La Religieuse* (1762), *Le Neveu de Rameau* (posthume, 1796), *Jacques le Fataliste et son maître* (posthume, 1796). En 1746, dans sa première œuvre, les *Pensées philosophiques*, il critique Pascal, attaque à la fois l'athéisme et le scepticisme, sans ménager les bases traditionnelles de la religion. Son théâtre, peu joué, développe une critique sociale sans fard, dont témoigne *Le Fils naturel* (1757). En 1749, il est incarcéré à Vincennes sur lettre de cachet, à la suite de la publication de sa *Lettre sur les aveugles à l'usage de ceux qui voient.*

Toute son œuvre vise à faire évoluer les mentalités pour la construction d'une humanité meilleure et plus éclairée. Dans le *Supplément au voyage de Bougainville* (posthume, 1796), il prévoit les bouleversements et les ravages de l'esprit colonial sur les structures sociales des indigènes. La rupture avec Rousseau* – qu'il a rencontré en 1742 – est définitive lorsque celui-ci s'oppose aux encyclopédistes. La critique la plus acerbe est contenue dans son *Essai sur la vie de Sénèque* (1778).

Diderot est l'initiateur de l'*Encyclopédie*, qu'il anime, de 1751 à 1772, avec d'Alembert. Ensemble, ils coordonnent les travaux de plus de cent cinquante collaborateurs qui cherchent à démontrer la primauté de la raison sur les préjugés du temps.

D'octobre 1773 à mars 1774, Diderot séjourne à la cour de Catherine de Russie pour la remercier de l'achat de sa bibliothèque qu'il dut vendre pour doter sa fille. Il meurt à table en 1784, en s'étranglant avec un noyau d'abricot. On lui attribue ces dernières paroles : « *Le premier pas vers la philosophie, c'est l'incrédulité.* »

Malgré le débat ouvert en 1913 au sujet de son installation au Panthéon à l'occasion du bicentenaire de sa naissance, le projet, soutenu par la Chambre des députés mais combattu par Barrès, est rejeté par le Sénat. Le corps de Diderot reste dans la chapelle de la Vierge en l'église Saint-Roch à Paris.

Le législateur, ne voulant pas ignorer l'importance de l'*Encyclopédie* dans le mouvement des idées et son action sur les consciences en faveur de l'émancipation citoyenne, décide d'honorer au Panthéon, à travers le monument réalisé par Alphonse Camille Terroir, celui qui, avec d'Alembert, fut le maître d'œuvre de l'*Encyclopédie*. La sculpture, appuyée sur le pilier nord de la croisée du transept, porte comme dédicace : ***À Diderot et aux encyclopédistes.***

1927, 15 octobre

Écrivains combattants, 560 [1914-1918]

Les noms de cinq cent soixante Écrivains combattants de la Grande Guerre morts pour la France, gravés sur les murs nord et sud, de part et d'autre de l'abside, ont été révélés le 15 octobre 1927. Y figurent des personnalités célèbres : Guillaume Apollinaire, Alain-Fournier, Charles Péguy, Louis Pergaud... Ils sont morts sur les champs de bataille, dans les hôpitaux et camps de prisonniers de la Grande Guerre. La nomenclature commence sur le mur sud, à gauche de la porte donnant sur la pièce abritant la maquette du monument, réalisée par Rondelet. « *La liste douloureuse* [a été établie] *pour que les noms fussent à jamais gravés dans la pierre même du temple national de nos gloires, marquant ainsi la reconnaissance de la patrie à la pensée française.* » Une photographie des inscriptions a été envoyée par l'association des Écrivains combattants à chaque famille dont l'un des membres est inscrit dans la liste.

1949, 2 juillet

Écrivains combattants, 197 [1939-1945]

Le 2 juillet 1949, le président de la République Vincent Auriol dévoile les cent quatre-vingt-dix-sept noms gravés sur les piliers sud de la chapelle du chœur et scelle la plaque abritant le rouleau d'étain qui contient les oraisons funèbres. En inaugurant la liste commémorative de cent quatre-vingt-dix-sept Écrivains combattants, hommes et femmes, civils et militaires, soldats et résistants, il consacre la mémoire des écrivains morts pour leur patrie pendant la Seconde Guerre mondiale.
Parmi eux figurent Paul Nizan, Victor Bach, Berty Albrecht, Robert Desnos, Max Jacob, Pierre Brossolette*... L'événement est suivi de trois cérémonies religieuses. Un culte israélite est célébré à la grande synagogue de la rue de la Victoire ; une messe de requiem est donnée en l'église Saint-Étienne-du-Mont et une cérémonie réunit la communauté protestante au temple de l'Église réformée de la rue Roquépine.

1794, 12 janvier

Fabre de l'Hérault, *Denis* Claude Dominique Cosme Fabre, dit
10 août 1762, Montpellier (Hérault) / 20 décembre 1793, Collioure (Pyrénées-Orientales)

Avocat depuis 1782, Denis Fabre est ensuite nommé conseiller à la Cour des comptes, des aides et des finances de Montpellier. Il assure la présidence de l'administration du district de Montpellier, puis, élu en 1792 député à la Convention, il siège avec les Montagnards et vote la mort du roi.
Commissaire aux Approvisionnements et Subsistances pendant son séjour à Paris, Fabre réside avec Cambacérès jusqu'à son départ comme commissaire civil de l'armée des Pyrénées-Orientales, près du général en chef Dagobert de Fontenille. Il impose ses vues stratégiques qui mènent au désastre les troupes chargées de la conquête de la Cerdagne, malgré quelques coups d'éclat et de nombreux actes de bravoure (la Convention reçoit en effet six étendards et quarante pièces d'artillerie pris à l'ennemi). Il paie son inconséquence en trouvant la mort sur le champ de bataille, près de Port-Vendres, après les victoires de Thuir et de Sainte-Colombe.

La Convention nationale vote la translation de sa dépouille au Panthéon comme « *représentant fidèle à la cause du peuple, [...] mort en combattant pour la patrie* ». Cet honneur (assorti du versement d'une pension à sa veuve) lui est rendu parce qu'il est le premier représentant civil tué par l'ennemi. Malgré cette décision, le corps n'est jamais parvenu à destination.

Maximilien FOY

1830, 11 décembre

FOY, *Maximilien*, Sébastien, comte
3 février 1775 Ham (Somme) /
28 novembre 1825 Paris.

Issu de la bourgeoisie picarde, Maximilien poursuit ses études chez les oratoriens de Soissons (Aisne). En 1792, il sert comme lieutenant d'artillerie dans le corps d'armée commandé par Dumouriez. Il combat victorieusement à Jemmapes, puis est arrêté comme suspect sur les ordres de Joseph Lebon. Il est sauvé par le 9 Thermidor. Sous le Directoire, il gravit les échelons de la hiérarchie militaire et combat dans les armées du Rhin sous les ordres du général Moreau dont il appuie la conspiration par convictions républicaines. Ayant voté contre l'Empire, sa carrière est arrêtée et, en 1807, il est envoyé à Constantinople pour organiser l'artillerie turque défendant les Dardanelles contre la flotte anglaise. Il participe à la campagne d'Espagne, passe les Pyrénées pour être grièvement blessé une quatorzième fois à Orthez (Basses-Pyrénées, actuellement Pyrénées-Atlantiques). Nommé inspecteur général d'infanterie en 1814, il se rallie à l'Empire pendant les Cent Jours et reçoit sa quinzième blessure à Waterloo « *où nous avons couru, comme les Grecs couraient aux Thermopyles, sans crainte et sans espoir* ». Grand officier de la Légion d'honneur, il est porté au titre de comte d'Empire, le 15 mai 1815.
À la Restauration, député de l'Aisne en 1819, il est le tribun du parti d'opposition libérale et défend âprement les droits constitutionnels, la Charte et l'école unique. Il s'oppose à l'augmentation du contingent annuel et à la loi du milliard aux émigrés qui étaient, disait-il, « *deux contre un à la Chambre, un contre mille dans la nation* ».
Après une cérémonie religieuse en l'église de Notre-Dame-de-Lorette, ses funérailles, au cimetière du Père-Lachaise, sont l'objet d'une manifestation de l'opposition en présence de Jean Viennet, Guillaume Pons, Louis Jérôme Gohier, Alexandre de Lameth, Casimir Perier, Gay Delphine, Charlet Nicolas Toussaint, André Dupin, Louis-Marie Prud'homme, Charles Fabvier baron Nicolas, Auguste Hilarion de Kératry, Prosper Mérimée, Victor Hugo* et David d'Angers.
Le masque funéraire du général est conservé au musée Crozatier du Puy-en-Velay (Haute-Loire). Le modèle original du bas-relief illustrant les funérailles sur le bas-côté de la sépulture par David d'Angers est conservé au musée David-d'Angers à Angers (Maine-et-Loire).
Avec un titre nobiliaire impérial, ses héritiers auraient pu faire valoir le décret napoléonien pour une inhumation de droit au Panthéon, comme dignitaire de l'Empire. L'ordonnance du 27 août 1830 lui rend cet honneur en proposant le transfert au Panthéon de ses cendres avec celles de Benjamin Constant*, de François de La Rochefoucauld-Liancourt* et de Jacques-

Antoine Manuel* (confirmation par la loi du 11 décembre 1830, article 5). Pour des raisons mystérieuses, la translation au Panthéon n'eut jamais lieu.
Le général Foy figure parmi les *Orateurs et publicistes de la Restauration*, ciselés sous une gloire portant la flamme de la renommée dans le groupe sculpté par Laurent Marqueste, adossé au pilier nord-est de la croisée du transept.
Franc-maçon du Grand Orient de France, il est nommé vénérable d'honneur de la loge La Bienfaisance à l'Orient du Havre.

2007, 18 janvier

Justes parmi les nations

Les biographies des 2725 Justes de France honorés au Panthéon des grands hommes et par le mémorial Yad-Vashem de Jérusalem sont à joindre à celles des quelque 21310 personnes identifiées auxquelles l'humanité doit la reconnaissance pour avoir à la fois sauvé l'honneur et préservé l'existence de juifs que chacune d'entre elles, en silence et dans le secret, protégea de la barbarie nazie. À l'exemple de la population du village du Chambon-sur-Lignon (Haute-Loire), animée par le pasteur André Trocmé et sa femme Magda, près de 3000 inconnu(e)s français(es) ont mis en application le principe suivant : « *Nous ignorons ce qu'est un juif, nous ne connaissons que les hommes !* », tandis que les séides de la Collaboration traquaient, afin de les livrer à la Gestapo, tous ceux dont le simple crime était d'être nés juifs. Avec le village de Nieuwlande aux Pays-Bas, c'est le seul cas d'une population urbaine tout entière ayant eu droit au titre de « Juste ». De son côté, le Danemark est la seule nation bénéficiant de ce même titre pour avoir sauvé la quasi-totalité de sa communauté juive (7200 membres environ sur un total estimé à 8000), au cours d'une opération en octobre 1943, en l'évacuant secrètement par le détroit d'Øresund qui sépare le Danemark de la Suède.

Le jeudi 18 janvier 2007 à 17 heures, le président de la Ve République Jacques Chirac, accompagné de Simone Veil, présidente de la Fondation pour la mémoire de la Shoah, en présence de 200 Justes survivants, dévoile l'inscription rendant hommage aux 2725 Français ***Justes parmi les nations.*** Les cérémonies de l'hommage de la nation aux Justes de France consacrent l'héroïsme secret de ceux qui, sur l'ensemble du territoire national, sauvèrent de l'arrestation, de la déportation et de la mort, au péril de leur vie et de celle de leurs proches, des juifs de toute nationalité en les hébergeant, en les cachant, en les nourrissant et en les aimant durant l'Occupation et la période de l'État français (1940-1944).
Sur le mur gauche du caveau VI abritant les cendres de Jean Moulin* est gravée l'inscription :

Sous la chape de haine et de nuit
tombée sur la France dans les années
d'Occupation, des lumières, par milliers,
refusèrent de s'éteindre.
Nommés « Justes parmi les nations »
ou restés anonymes, des femmes
et des hommes, de toutes origines
et de toutes conditions, ont sauvé
des juifs des persécutions antisémites
et des camps d'extermination.
Bravant les risques encourus,
ils ont incarné l'honneur de la France,
ses valeurs de justice, de tolérance
et d'humanité.

1830, 11 décembre

LA ROCHEFOUCAULD-LIANCOURT, *François* de
11 janvier 1747 à La Roche-Guyon (Seine-et-Oise) / 27 mars 1827 à Paris

Après s'être initié au maniement des armes dans le corps des carabiniers, François de La Rochefoucauld hérite de son père la charge de grand maître de la garde-robe de Louis XVI;

il s'en libère pour se consacrer à la recherche et à la pratique philanthropique. Il fonde une ferme expérimentale à Liancourt (Oise) pour les militaires indigents où il acclimate du bétail importé d'Angleterre. Il préconise la cultures des prairies artificielles pour supprimer les jachères et l'assolement triennal qu'il considère comme facteur de disette. Il développe la culture des navets comme fourrage pour les bestiaux et comme nourriture d'hiver pour les humains. Avec un associé irlandais, il adjoint à la ferme modèle des ateliers de 80 machines filant le coton, ce qui permet un embryon d'économie autarcique.

Député de la noblesse du Beauvaisis aux états généraux de 1789, il fait partie des 47 députés de la noblesse qui rejoignent les députés du tiers le 25 juin. En 1791, après la fusillade du Champs-de-Mars, monarchiste libéral du club des Amis de la Constitution (Feuillants), il met sa fortune (150 000 livres) à la disposition de Louis XVI pour qu'il prenne des mesures de salut pour sa personne et pour sa famille et part en exil en Angleterre en septembre 1792. Il se rend aux Amériques puis séjourne chez son fils à Hambourg et revient à Liancourt après le coup d'État du 18 brumaire.

Il crée des dispensaires formant des médecins qui traitent à domicile des indigents par la vaccination Jenner (contre la variole), promouvant ainsi la médecine préventive. Napoléon le décore de la Légion d'honneur pour avoir donné les moyens à l'Empire de s'affranchir de toute hégémonie étrangère sur le marché du textile. En 1803, son école des métiers de Compiègne devient la première école des Arts et Métiers à Châlons-sur-Marne (Marne) sur décision de l'Empereur. François de La Rochefoucauld devient administrateur de la Société pour l'instruction élémentaire et promoteur de l'enseignement mutuel. Le 5 février 1817, il instaure un prix de 1 000 francs-or « *pour l'ouvrage le plus propre à développer les facultés de la classe inférieure du peuple et à lui inspirer le goût de la vertu* ». Le 15 novembre 1818, avec Jacques Laffitte et Benjamin Delessert, il fonde la Caisse d'épargne et de prévoyance. En créant un instrument financier novateur, ouvert à tous sans exclusive d'âge ni de sexe (il est accessible aux femmes et aux enfants mineurs), simple d'utilisation et portant intérêt, il permet à chaque travailleur modeste de bénéficier des bienfaits de l'épargne alors que les banques ne sont accessibles qu'aux plus fortunés. En 1823, s'opposant à la politique des ultra-royalistes, il démissionne du Conseil général des prisons. Corbières, ministre de l'Intérieur, lui retire toutes ses fonctions : inspecteur général du Conservatoire des arts et métiers, membre du Conseil général des prisons, du Conseil général des manufactures, du Conseil d'agriculture, du conseil général des hospices de Paris, et du conseil général du département de l'Oise. La Rochefoucauld répond le lendemain : « *Je ne sais comment les fonctions de président du Comité pour la propagation de la vaccine, que j'ai introduite en France en 1800, ont pu échapper à la bienveillance de Votre Excellence, à laquelle je me fais un devoir de les rappeler.* » Il lutte en vain pour l'abolition de l'esclavage et meurt d'épuisement quatre jours après une dernière intervention à la Chambre des pairs.

FRANÇOIS DE LA ROCHEFOUCAULD-LIANCOURT

Ses obsèques sont houleuses : sous prétexte que les règlements de police prescrivent le transport des corps sur des chars, la troupe frappe les porteurs à coup de crosse ; le cercueil du défunt, porté par huit élèves de l'école des Arts et Métiers tombe à terre, rue Saint-Honoré.

L'ordonnance du 27 août 1830 propose le transfert au Panthéon de ses cendres avec celles de Benjamin Constant*, de Maximilien Foy* et de Jacques-Antoine Manuel* (confirmation par la loi du 11 décembre 1830, article 5). Pour des raisons mystérieuses la translation au Panthéon n'eut jamais lieu.
Son nom est inscrit comme membre actif sur le tableau de la loge Les Neuf Sœurs à Paris.

1793, 24 janvier

LE PELETIER DE SAINT-FARGEAU, *Louis-Michel* Le Peletier des Forts, comte de Saint-Fargeau, dit
26 ou 29 mai 1760, Paris / 21 janvier 1793, Paris

Issu d'une famille aristocratique, Louis-Michel Le Peletier des Forts est élève à l'École de droit à moins de seize ans et devient avocat à dix-sept. Riche d'une rente de 600 000 livres, il exploite les biens familiaux de Ménilmontant et de Saint-Fargeau. Conseiller puis président à mortier au parlement de Paris, son plaidoyer hostile à Marie-Antoinette, lors de l'affaire du collier, lui vaut un début de notoriété. Le Peletier de Saint-Fargeau est élu député de la noblesse aux états généraux de 1789, où il vote l'abolition des privilèges en se ralliant au tiers état. En 1790, il remplace Sieyès comme président de l'Assemblée constituante. Il défend la liberté de la presse et la suppression de la peine des galères. Il fait voter, le 6 octobre 1791, la loi rappelant que « *la torture qui précède un procès est interdite et que tout condamné à mort aura la tête tranchée* » (article 3 du Code pénal), instaurant la décapitation pour tous en remplacement des différents types d'exécution établis selon le rang social. Élu député de l'Yonne à la Convention, il consacre ses travaux législatifs à l'abolition de la peine de mort, sauf pour les traîtres à la patrie : « *Elle* [la peine capitale] *se justifie contre les ennemis publics pratiquant des hostilités contre la France.* » Le 17 janvier 1793, et malgré une promesse formelle, il vote l'exécution de Louis XVI, après avoir annoncé qu'il se prononcerait pour le bannissement.

Louis Michel LE PELETIER DE SAINT-FARGEAU

Le 20 janvier 1793, Le Peletier de Saint-Fargeau est apostrophé par un ancien garde de Louis XVI, Pâris, alors qu'il était installé chez un restaurateur du Palais-Royal. L'homme lui plonge son sabre au travers du corps. Au moment d'expirer, l'appel du conventionnel rejoint celui du souverain dont il a voté l'exécution : « *Je suis satisfait puisque je verse mon sang pour la patrie, j'espère qu'il servira à consolider la liberté et à faire connaître ses ennemis.* » Le corps est transporté pantelant au Panthéon. Deux ans plus tard sa fille demande et obtient la restitution du corps.
Malgré de nombreuses affirmations, son initiation maçonnique à la loge La Parfaite Union à Valenciennes (Nord) et son appartenance à La Vraie Lumière à Saint-Fargeau (Yonne) puis au Phœnix ne sont attestées (à ce jour) par aucun document probant.

1794, 23 juin

MALIGNON, *Vincent*
15 octobre 1736, Piechegrud (Ardèche) / 21 avril 1794, Saint-André-de-Cruzières (Ardèche)

Nommé agent national de la République par la Convention, procureur de sa commune natale, Vincent Malignon est envoyé en mission

en Ardèche pour une investigation auprès d'une population hostile aux idées novatrices. Un complot royaliste se préparant dans le pays, il est accueilli à coups de fusil dès son entrée dans le village. Il est assassiné par sept royalistes, le 2 floréal an II (21 avril 1794), à la mairie de Saint-André-de-Cruzières. Son corps est précipité dans la baume du Tégoul, sur la route de Beaulieu, près du hameau de la Croix.
Jamais retrouvées, les cendres du héros républicain, panthéonisé par décret du 5 messidor an II (23 juin 1794), ne purent être portées solennellement au Panthéon. Ses enfants, pensionnés par l'État, furent élevés au prytanée militaire de La Flèche. À la suite de l'assassinat, quatre-vingts habitants du village furent inquiétés et emprisonnés ; le 9 Thermidor les sauva de l'échafaud.

1830, 11 décembre

MANUEL, *Jacques-Antoine*
19 décembre 1775 à Barcelonnette (Basses-Alpes) / 20 août 1827 à Maisons (Seine-et-Oise)

Jacques-Antoine Manuel, le vingt-et-unième des vingt-trois enfants du premier consul de la communauté autonome de Barcelonnette, fait ses humanités au collège des doctrinaires de Nîmes (Gard). En 1793, il s'engage à dix-sept ans dans les troupes révolutionnaires après avoir arrêté ses études au cours de sa deuxième année de philosophie. Il participe aux combats du pont d'Arcole où il est promu capitaine. Blessé, il est mis en disponibilité puis libéré de ses obligations militaires le 17 fructidor an VIII (4 septembre 1800).
De retour au pays, il reprend ses études et passe une licence en droit à Digne (Basses-Alpes), débute au barreau de la ville, puis plaide en appel à Aix-en-Provence. En 1811, il est membre du Conseil de l'ordre des avocats. Grâce à l'influence de Fouché, il est élu député des Basses-Alpes pendant les Cent-Jours sans avoir été candidat.

Jacques-Antoine MANUEL

Sous la Restauration, il s'installe à Paris. Député de la Vendée en 1818, puis de 1820 à 1823, il cherche à préserver les acquis de la Révolution en matière de liberté civile. Orateur éloquent, il irrite l'Assemblée royaliste composée d'ultras à propos de l'Instruction publique, l'organisation du Conseil d'État, la législation dans les colonies, etc.
Au cours de la séance du 23 février 1823, sur la question de la guerre d'Espagne, il est accusé par La Bourdonnaye de faire l'apologie des régicides de la Révolution. Il est frappé d'expulsion le 3 mars. Le lendemain, il reprend sa place aux côtés de La Fayette. Le Président le somme de sortir : « *Arrivé dans cette Chambre par la volonté de ceux qui avaient le droit de m'y envoyer, je ne dois en sortir que par la violence de ceux qui n'ont pas le droit de m'en exclure [...]. J'ai annoncé hier que je ne céderais qu'à la violence, aujourd'hui, je viens tenir ma parole !* » Requis, le sergent Mercier refuse de porter la main sur un représentant du peuple. Un colonel de la gendarmerie intervient et, saisi de toute part, Manuel est expulsé *manu militari*. Casimir Perier, chef de l'opposition, intervient en faveur de Manuel ; il signe avec Auguste Perier, Savoye-Rollin, Teisseire, La Fayette*, Foy* et la plupart des

libéraux le texte de protestation présenté à la Chambre. À la sortie du palais Bourbon, Manuel est porté en triomphe par la foule jusqu'à son domicile au n° 19 de la rue des Martyrs. Battu aux élections de 1824, il quitte définitivement la vie politique.
Chef de la Vente suprême de la charbonnerie, il est affilié en franc-maçonnerie à la loge L'Amitié à Aix-en-Provence, puis à la loge Le Choix des Vrais Amis de la Grande Loge écossaise à Marseille (Bouches-du-Rhône).
Malade, Manuel s'est retiré chez son ami, le banquier Laffitte. C'est là qu'il s'éteint. 40 000 personnes selon la préfecture, 100 000 selon les démocrates, assistent aux funérailles au Père-Lachaise (28e division). Le sergent Mercier dépose sur son cercueil la couronne civique qui lui avait été offerte par la Garde nationale : « *Cette couronne lui appartient autant qu'à moi, car si j'ai montré quelque énergie, c'est lui qui m'avait donné l'exemple du courage.* » Comme pour les obsèques de La Rochefoucauld-Liancourt*, un escadron de gendarmerie intervient pour que le corbillard soit non pas tiré par des jeunes gens mais par des chevaux ; il fallut alors toute la diplomatie de Laffitte pour que cet incident ne dégénérât pas en bataille. Augustin Schonen, conseiller à la cour royale de Paris, Laffitte et La Fayette* prononcent des allocutions ; trois ans plus tard, les Bourbons quittent définitivement la scène politique.
L'ordonnance du 27 août 1830 propose le transfert au Panthéon de ses cendres avec celles de Benjamin Constant*, de François de La Rochefoucauld-Liancourt* et de Maximilien Foy* (confirmation par la loi du 11 décembre 1830, article 5). Pour des raisons mystérieuses, la translation au Panthéon n'eut jamais lieu.
Jacques-Antoine Manuel est honoré deux fois dans la nécropole nationale. Une première fois, il figure parmi les grands hommes de la société civile dans la frise du fronton de David d'Angers. Une deuxième fois, il est parmi les Orateurs et publicistes de la Restauration, ciselés sous une Gloire portant la flamme de la Renommée dans le groupe sculpté par Laurent Marqueste, adossé au pilier nord-est de la croisée du transept.

1794, 21 septembre

MARAT, *Jean-Paul* Mara, dit
24 mai 1743, Boudry (Suisse) / 13 juillet 1793, Paris

Précepteur à Bordeaux, vétérinaire à Newcastle, médecin à Londres, Jean-Paul Marat publie un *Essai sur l'âme humaine* (1772) et *Les Chaînes de l'esclavage* (1774). En 1775, il obtient son doctorat en médecine à l'université de Saint Andrews (Écosse).
En 1777, Marat s'installe en France. En sauvant la marquise de l'Aubespine, il s'assure une clientèle dans l'aristocratie. Il obtient le brevet de médecin des gardes du corps du comte d'Artois, frère de Louis XVI et futur Charles X. Il évolue avec aisance auprès de la noblesse et du haut clergé, tout en poursuivant sa formation médicale par l'étude de l'anatomie. En 1788, Marat tombe gravement malade. La convocation des états généraux le ressuscite. Il devient un adepte résolu des idées révolutionnaires. Principal rédacteur de *L'Ami du peuple*, il combat sans relâche tout ce qui pourrait

Le visage de MARAT assassiné, dessin de David.

ralentir les progrès de la Révolution. Il est assassiné dans sa baignoire par Charlotte Corday. Au juge d'instruction qui lui demande le motif du meurtre d'un homme aussi populaire, celle-ci répond : « *Je n'ai pas tué un homme, mais une bête féroce.* » Revêtue de la chemise rouge des parricides, elle est guillotinée le 17 juillet 1793, le lendemain de l'inhumation de sa victime.
Pour installer Marat au Panthéon, la Convention décide d'expulser les cendres de Mirabeau*, devenues indésirables. Moins de cinq mois après que les restes de l'Ami du peuple ont été déposés dans le temple, la même Assemblée en décrète l'expulsion pour le 14 février 1795.
Les fonctionnaires municipaux profitent de l'éviction des cendres de Marat pour rendre à la fille de Le Peletier de Saint-Fargeau* le corps de son père.
Malgré sa sortie peu glorieuse, Marat reste honoré au Panthéon : il figure, coiffé du bonnet qu'il portait le jour de son assassinat, dans le groupe des huit députés prêtant serment à la Convention nationale, sculpté par François Léon Sicard.
Initié franc-maçon, en 1774, à la loge King Head Jeward à Londres. La franc-maçonnerie française n'eut pas l'honneur de sa fréquentation.

1791, 4 avril

MIRABEAU, *Honoré* Gabriel Victor Riqueti, comte de
9 mars 1749, Le Bignon, aujourd'hui Le Bignon-Mirabeau (Loiret) / 2 avril 1791, Paris

Fils dissipé d'un économiste de renom, Mirabeau est député du tiers aux états généraux de 1789, sa notoriété sulfureuse l'empêchant d'être représentant de la noblesse d'Aix-en-Provence. Gros joueur, fortement endetté, il voyage de prisons en bastilles et précède Toussaint Louverture* au fort de Joux, incarcéré par lettre de cachet sur la demande de son père exaspéré. Trois jours après la prestation du serment du Jeu de paume (20 juin 1789), les

Honoré Gabriel MIRABEAU

députés du tiers continuent de siéger. La mémoire collective a retenu l'apostrophe cinglante (mais erronée) adressée par Mirabeau au marquis de Dreux-Brézé, alors que celui-ci demandait aux députés d'évacuer la salle des états généraux à Versailles : « *Nous sommes ici par la volonté du peuple et nous n'en sortirons que par la force des baïonnettes.* » La réponse exacte du tribun fut une longue péroraison se terminant par : « *… cependant, pour éviter toute équivoque et tout délai, je vous déclare que si l'on vous a chargé de nous faire sortir d'ici, vous devez demander des ordres pour employer leur force ; car nous ne quitterons nos places que par la puissance de la baïonnette.* »
Ses soucis pécuniaires permanents l'amènent à poursuivre ses relations avec le cabinet secret du roi et à donner des informations sur les menées politiques des révolutionnaires à la monarchie française et à l'Angleterre. L'Assemblée, aveugle, se refuse à voir le double jeu du tribun populaire.
Malade du foie, Mirabeau meurt dans les bras de son médecin et ami Cabanis*. La postérité lui attribue ces dernières paroles : « *J'emporte dans mon cœur le deuil de la monarchie dont les débris vont devenir la proie des factieux.* » Sa soudaine mort plonge le peuple dans une stupeur qui conduit l'Assemblée législative, dont il était président, à voter sans hésitation sa panthéonisation. Inhumées provisoirement dans la crypte de l'ancienne église du couvent des

génovéfains, les cendres du tribun sont transférées, avec celles de Voltaire*, le 13 décembre 1791[1], dans la crypte du nouveau Panthéon français, enfin aménagée. Expulsées après la découverte de sa correspondance avec le roi dans l'armoire de fer du cabinet secret de Louis XVI, ses cendres sont remplacées par celles de Marat*. La dépouille est enfouie sans nom au cimetière Sainte-Catherine, ancien cimetière de Clamart, réservé aux suppliciés. Le tribun reste honoré au Panthéon par une statue de Jean-Antoine Injalbert. Il figure également, parmi le groupe des civils, dans le fronton extérieur ciselé par David d'Angers.

1793, 13 mai

PICOT, *Auguste* Henri Marie, marquis de Dampierre
19 août 1756, Paris / 9 mai 1793, Valenciennes (Nord)

Enseigne aux gardes françaises depuis 1772, Auguste Picot est transféré au régiment du duc de Chartres en 1784. Mécontent de la manière de commander du maréchal de Biron, il devient major au 2e régiment de chasseurs de Normandie. En 1788, en compagnie du duc d'Orléans, il s'envole en montgolfière afin de trouver des applications militaires, notamment dans l'observation des mouvements de troupes et dans le guidage des tirs d'artillerie. Officier noble des armées royales, il s'enflamme pour les idées de la Révolution et rejoint l'armée du Nord. Colonel de dragons en février 1792, et général en août de la même année, il participe activement à la bataille de Valmy, le 20 septembre ; par son courage, il décide de la victoire à Jemmapes, en novembre. Nommé général de division, il remplace Dumouriez, passé à l'ennemi, à la tête de l'armée de Belgique. Malgré la victoire de Saint-Amand-les-Eaux, le 19 avril, il connaît la défaite et la mort à la bataille de Valenciennes, contre les Autrichiens. La ville ne capitulera que le 28 juillet 1793, après avoir mis en échec durant plus de deux mois toute l'armée austro-anglaise de Cobourg.
Inhumé dans la grande redoute du mont Jouy au camp de Famars de Valenciennes, la tête encore ceinte de la couronne de lauriers offerte par ses hommes, le corps du général de Dampierre fut déplacé plusieurs fois, pour être enfin enseveli, le 14 décembre 2000, avenue de Villars, près de la colonne de la pyramide à Valenciennes, en attendant que les députés se souviennent du décret de panthéonisation et trouvent une opportunité pour son transfert jusqu'à la nécropole nationale. Le nom du général Picot de Dampierre est gravé sur le côté nord de l'arc de triomphe de l'Étoile.

Auguste PICOT de DAMPIERRE, par Raymond-Quinsac Monvoisin.

1965, 17 septembre

SAINT-EXUPÉRY, *Antoine* Jean-Baptiste Marie Roger de
29 juin 1900, Lyon (Rhône) / 31 juillet 1944, au large de Porquerolles (Var)

Troisième enfant du vicomte et de la vicomtesse de Saint-Exupéry, étudiant aux Beaux-Arts et passionné d'aviation, Antoine de Saint-Exupéry entre dans l'armée de l'air en

1. Archives nationales, F^{13} 1935.

1921 et obtient son brevet de pilote. Libéré de ses obligations militaires, il travaille d'abord aux tuileries de Boiron, qu'il quitte pour le constructeur de camions Saurer, qu'il abandonne à son tour en 1924. Son premier ouvrage, *L'Aviateur*, est publié en avril 1926. Dans cette nouvelle, il décrit des situations qui constituent une ébauche de *Courrier Sud*.
Engagé par l'Aéropostale en 1926, Saint-Exupéry effectue les premiers long-courriers en survolant l'Atlantique sud en direction de l'Amérique et de Santiago du Chili ; il a pour coéquipiers Mermoz, Guillaumet, Riguelle, Reine. Devenu chef d'escale au cap Juby, il trompe l'attente en écrivant *Courrier Sud*. En juin 1930, il participe aux recherches de Guillaumet, perdu dans la cordillère des Andes au cours d'une tempête. L'année suivante, il obtient le prix Fémina pour *Vol de nuit*. En 1933, il postule comme pilote au moment de la création d'Air France, mais sa candidature n'est pas retenue. Il fait une pause comme journaliste à *Paris-Soir* et à *L'Intransigeant*. En 1936, il couvre les événements de la guerre civile espagnole à Barcelone, à Carabancel et à Madrid, en compagnie de Joseph Kessel et d'Ernest Hemingway, puis revient à l'aviation en 1937. Il obtient le prix de l'Académie française pour *Terre des hommes* (1939).
Stationné en Algérie au début de la Seconde Guerre mondiale, Saint-Exupéry est très vite démobilisé et s'installe aux États-Unis d'Amérique. Engagé dans la chasse de la France libre malgré la limite d'âge, il trouve le temps d'écrire *Pilote de guerre* et *Le Petit Prince*, qui paraissent respectivement en 1942 et 1943. Ses notes, constituées en carnets, sont publiées à titre posthume en 1948 sous le titre de *Citadelle*.
Son nom figure deux fois au Panthéon. Contre le pilier sud de la croisée du transept a été gravée l'inscription suivante – dévoilée le 17 septembre 1965 par le ministre des Anciens Combattants :

À la mémoire de
Antoine de Saint-Exupéry,
poète romancier aviateur
disparu au cours d'une mission
de reconnaissance aérienne
le 31 juillet 1944.

Son patronyme est aussi inclus dans la liste des cent quatre-vingt-dix-sept Écrivains combattants morts pour la France durant le deuxième conflit mondial.

1792, 3 juin

SIMONNEAU, *Jacques* Guillaume
14 janvier 1740, Étampes (Essonne) /
3 mars 1792, Étampes

Dès le début de la Révolution, la cherté des vivres entraîne des désordres sur les marchés de la région parisienne. Le 3 mars 1792, une bande d'émeutiers affamés, venue des environs de Montlhéry et de La Ferté-Alais, pénètre dans la ville et gagne le marché Saint-Gilles où elle impose une taxation des grains. Cette mesure est en contradiction avec la liberté économique proclamée par l'Assemblée législative et, malgré les menaces, le maire d'Étampes, Jacques Guillaume Simonneau, présent sur les lieux avec le conseil municipal, refuse énergiquement de cautionner les contestataires. La légende lui prête ces paroles : « *Vous pouvez me tuer, mais vous ne me ferez jamais manquer à la loi.* » La foule vocifère et le malmène, puis un homme l'abat d'un coup de fusil.
Le meurtre a une répercussion dans toute la France, amplifiée par Barère qui voit en Simonneau un martyr de la liberté et de la fidélité à la loi. Votée par l'Assemblée, l'exposition de son écharpe de maire dans la nef du Panthéon au cours d'une commémoration funèbre a lieu le 3 juin 1792. La fête terminée, on oublie la dépouille de Simonneau, qui ne quitte pas Étampes, et l'écharpe du maire disparaît dans la tourmente des massacres de Septembre.

1920, 11 novembre

Soldat inconnu

En 1916, au cours d'une cérémonie religieuse et patriotique, le président du Comité du souvenir français de Rennes émet le vœu que la France ouvre les portes du Panthéon « *à l'un de ces combattants ignorés morts bravement pour la patrie avec pour inscription sur la pierre deux mots :* Un soldat, *deux dates* : 1914-1917 ». L'idée de l'hommage au Soldat inconnu est née.

Une loi est votée à l'unanimité par le Parlement, le 8 novembre 1920 par la Chambre des députés, le 9 novembre par le Sénat :

Article 1er
Les honneurs du Panthéon seront rendus aux restes d'un des soldats non identifiés morts au champ d'honneur au cours de la guerre 1914-1918. La translation des restes de ce soldat sera faite solennellement le 11 novembre 1920.

Cérémonies du 11 novembre 1920 au Panthéon : le char décoré transportant le cœur de Gambetta et le canon transportant le cercueil du Soldat inconnu.

Article 2
Le même jour, les restes du Soldat inconnu seront inhumés sous l'Arc de triomphe.

Huit soldats inconnus sont exhumés de huit nécropoles des différents secteurs du théâtre des opérations de la Grande Guerre : Artois, chemin des Dames, Champagne, Flandre, Île-de-France, Lorraine, Somme et Verdun.
Le 10 novembre 1920, le colonel Plande choisit le soldat Thin, pupille d'un combattant disparu durant la Grande Guerre, lui-même engagé volontaire à dix-neuf ans et gazé. Le moment venu, après un long recueillement, le soldat du 132e régiment d'infanterie prend les fleurs que lui tend André Maginot, ministre des Pensions. Celui-ci lui dit : « *Voici un bouquet de fleurs cueillies sur les champs de bataille de Verdun, parmi les tombes des héros morts pour la patrie. Vous les déposerez sur l'un des huit cercueils qui sont ici. Celui que vous choisirez sera le Soldat inconnu que le peuple de France accompagnera demain sous l'Arc de triomphe!* » Auguste Thin dépose son bouquet d'œillets rouges et blancs sur le sixième cercueil (somme des chiffres du corps auquel il appartient), parmi les huit qui se trouvent alignés dans une casemate de la citadelle de Verdun et qui ont reçu les cendres de soldats « *exhumés dans un endroit qui restera secret, corps de militaires dont l'identité comme Français est certaine, mais dont l'identité personnelle n'a pu être établie* ».
Transporté immédiatement à Paris, le Soldat inconnu arrive de nuit à la gare Denfert-Rochereau. Le 11 novembre 1920, à 11 heures, le cercueil anonyme est exposé au Panthéon à côté de l'urne en porphyre contenant le cœur de Gambetta*. Le 22 novembre, le cercueil rejoint l'Arc de triomphe.
Les associations d'écrivains et d'anciens combattants ont obtenu que le symbole de leur sacrifice soit honoré en permanence sous la voûte de l'Arc de triomphe, consacré aux soldats de la Grande Armée dont ils sont les héritiers et qui vit le défilé de la Victoire et de la Paix, le 14 juillet 1919.

1998, 27 avril

TOUSSAINT LOUVERTURE, *François-Dominique* Toussaint Bréda, dit 20 mai 1743, Haut-du-Cap (Saint-Domingue) / 7 avril 1803, fort de Joux (Jura)

D'une famille originaire du Bénin, l'esclave François-Dominique Toussaint Bréda, dit Toussaint Louverture, est affranchi en 1776. Dans l'île de Saint-Domingue, il vainc à la fois les Espagnols, les Anglais et même les Français, bien que le Directoire l'ait nommé général. Lorsque l'armée française se soulève contre le général Laveaux, Toussaint réprime la révolte, fait sortir Laveaux de prison et le met à la tête de ses propres troupes. Le surnom de « l'Ouverture » lui est donné par ses compagnons pour illustrer la vivacité de son intelligence et son aptitude à analyser rapidement toute situation fortuite. Selon d'autres chroniqueurs, Toussaint, dans sa lutte contre les Espagnols à qui il enlève plusieurs postes importants, aurait fait dire au commissaire de la République Polverel : « *Mais cet homme fait ouverture partout!* » Le surnom lui serait resté. Toussaint refuse la couronne de roi d'Haïti qui lui est offerte par la population reconnaissante. Le 17 mai 1802, Bonaparte rétablit l'esclavage. La France envoie une escadre contre les Noirs révoltés. Toussaint appelle à la résistance. Arrêté le 7 juin 1802 par le général Brunet, il est embarqué pour être « jugé » à Paris, enfermé à la prison du Temple, puis déporté au fort de Joux. Après quelques mois de captivité, on le trouve mort dans sa cellule, assis « *près du feu, la tête appuyée contre la cheminée, le bras droit pendant* ». Le froid avait accéléré les effets de la tuberculose.
Le 27 avril 1998, une inscription a été dévoilée à l'entrée du caveau XXVI :

À la mémoire
de Toussaint Louverture,
combattant de la liberté,
artisan de l'abolition de l'esclavage
Héros haïtien mort déporté
au Fort-de-Joux en 1803.

TOUSSAINT LOUVERTURE

1794, 9 juillet

VENGEUR DU PEUPLE, sept cent vingt-trois officiers et marins

Au printemps 1794, la famine sévit dans les campagnes. Un gigantesque convoi de cent soixante-dix vaisseaux chargés de blé venant d'Amérique force le blocus anglais pour ravitailler la France républicaine. Il est protégé par les vingt-six navires – dont huit frégates – de l'escadre de l'amiral Villaret de Joyeuse, l'un des rares officiers compétents restés au service de leur pays. Les trente-trois bâtiments de l'amiral anglais lord Howe, aux équipages expérimentés et disciplinés, se ruent sur les défenseurs. La lutte inégale dure cinq jours, du 28 mai au 1er juin.
Le 1er juin, à 400 milles de Brest, le *Vengeur du peuple*, voiles déchirées, mâts arrachés, exception faite de l'artimon, succombe avec honneur et fierté après une défense héroïque. La légende veut que le capitaine, Jean-François Renaudin,

fasse clouer le drapeau tricolore à sa hampe pour n'avoir pas à amener le pavillon en signe de reddition. Les flancs du navire sont défoncés et l'eau s'engouffre avec un bruit de cataracte. Plutôt que de se rendre, les marins et les officiers s'enfoncent avec le bâtiment en criant : « *Vive la République ! Vivent la liberté et la France !* » Le blé arrive à Brest, le convoi est sauvé. Cinq mille hommes ont été tués ou blessés, quatre mille ont été faits prisonniers, soit plus de la moitié de l'escadre de l'amiral français.

La vérité historique est moins héroïque. Au combat du 1er juin 1794, le vaisseau français de soixante-quatorze canons est opposé à deux navires anglais de même force : le *Brunswick* et le *Romellie.* Les canonniers du *Vengeur du peuple* se trompent d'objectif et tirent sur le vaisseau amiral français ! À 13 h 30, démâté, voiles affalées, envahi par les vagues et ballotté, le *Vengeur*, par ordre de son capitaine, amène son pavillon et hisse l'Union Jack à sa corne pour demander aide et assistance à ses adversaires. L'exemple est suivi par la plus grande partie de l'escadre française. Le *Vengeur*, malgré ses voies d'eau, flotte encore quatre heures, ce qui permet aux Anglais de sauver les blessés et les survivants, soit trois cent soixante-sept marins sur sept cent vingt-trois. Le navire coule bas vers 18 h 30.

Détail du groupe d'Ernest Dubois *Le Vengeur* (1908-1925).

Le 9 juillet 1794, Barère de Vieuzac, tribun de la Convention et membre influent du Comité de salut public, transforme, dans un discours galvanisant l'Assemblée, la défaite militaire en victoire morale et civique en créant de toutes pièces la légende, et obtient ainsi le décret de panthéonisation.

Les marins du *Vengeur* sont honorés au Panthéon dans un groupe sculpté représentant le combat héroïque des officiers et marins. Dû au ciseau d'Ernest Dubois, cet ensemble est installé contre le renfort sud-ouest des piliers du déambulatoire de la nef occidentale.

Le nom du capitaine Renaudin est inscrit sur la face ouest de l'arc de triomphe de l'Étoile.

1794, 28 juillet

VIALA, *Joseph* Agricol
(?) 1780, Avignon (Vaucluse) / 6 juillet 1793, Caumont-sur-Durance (Vaucluse)

Figure immanquable de l'iconographie et de la mythologie républicaines, Joseph Viala est associé à son homologue Joseph Bara* dans *Le Chant du départ* – le premier hymne national–, composé par Méhul à la gloire des soldats de la République pour le cinquième anniversaire de la prise de la Bastille. Le jeune Avignonnais s'oppose à l'avancée des avant-gardes royalistes au passage de la Durance. Armé d'une cognée, il tranche les amarres d'un pont de bateaux et tombe, foudroyé par la mitraille, en criant : « *Man pa manqua, aqua es egaou, more per la liberta !* » (« *Ils ne m'ont pas manqué; mais c'est égal, je meurs pour la liberté !* ») Son corps est englouti dans les flots de la Durance.

Prévu d'abord pour le 30 messidor an II (18 juillet 1794), le transfert symbolique de ses cendres au Panthéon est reporté par la Convention au 10 thermidor an II (28 juillet 1794). Les événements de la veille diffèrent la panthéonisation *sine die.* L'enfant au tambour est honoré dans le groupe du statuaire François Léon Sicard *La Convention nationale*, avec son compagnon d'infortune Joseph Bara*, tous deux marchant devant la monture de Hoche.

Ils sont inhumés au Panthéon sans décret de panthéonisation

La France aime les histoires d'amour qui, parfois même, font partie intégrante des vertus civiques car elles servent à la consolidation de la cellule de base d'une société équilibrée et harmonieuse. Le Panthéon accueille ainsi un symbole de l'amour conjugal (Sophie et Marcellin Berthelot*) et de l'amour filial (Marc et Victor Schœlcher*) au nom de valeurs exemplaires à promouvoir auprès des générations futures.

Le roi Charles X a permis l'inhumation de Soufflot, accédant ainsi au vœu de l'architecte de reposer dans la crypte du monument (alors redevenu l'église Sainte-Geneviève) dont il avait été le maître d'œuvre.

Le Panthéon drapé de noir lors de l'inhumation de Sadi Carnot, 1894.

1907, 25 mars, caveau XXV

Berthelot, *Sophie*
16 février 1837 (lieu inconnu) / 18 mars 1907, Paris

Sophie Berthelot s'éteint le même jour que son époux, le célèbre chimiste, des suites d'une longue et douloureuse maladie, dans leurs appartements de l'Institut. Pour ne pas séparer dans l'éternité les deux époux qu'une profonde affection unissait, il est décidé de les inhumer ensemble.
Les deux cercueils sont conduits au Panthéon au cours d'une cérémonie civile. Aristide Briand prononce l'éloge funèbre devant le président de la République Armand Fallières, Clemenceau et les membres de nombreuses délégations représentant la société civile.
La statue du *Penseur* d'Auguste Rodin, alors installée sur la place, est voilée de crêpe noir. Les deux cercueils sont inhumés dans le même caveau, unissant ainsi les époux dans l'éternité.
Sophie Berthelot est la première femme à avoir été admise au Panthéon, sans toutefois être panthéonisée.

Sophie Berthelot avec son époux.

1949, 20 mai, caveau XXVI

Schœlcher, *Marc*
26 avril 1766, Fessenheim (Haut-Rhin) / 14 octobre 1832, Paris

Venu d'Alsace, Marc Schœlcher arrive à Paris vers 1789 et s'installe comme faïencier rue de la Monnaie. Il épouse le 20 juin 1796 Victoire Jacob. En 1798, il acquiert une fabrique de porcelaine dans le faubourg Saint-Denis, fabrique fondée en 1772 par Pierre Antoine Hannong, Alsacien comme lui.
En 1829 et 1830, Schœlcher envoie son fils Victor vendre les porcelaines de la fabrique aux Antilles et au Mexique. C'est à l'occasion de ces voyages que celui-ci découvre la réalité de l'esclavage. À la mort de son père, Victor lui succède à la tête de la manufacture qu'il vend en 1834 pour consacrer toute sa fortune à lutter en faveur de l'abolition de l'esclavage.
Les porcelaines signées Schœlcher, prisées des collectionneurs, appartiennent à l'histoire de l'artisanat des porcelaines de Paris.
Le corps de Schœlcher est transféré du cimetière de l'Est (Père-Lachaise) pour répondre à la volonté de son fils de n'être jamais séparés.

Détail du monument funéraire
de Marc Schœlcher, par Fromanger (1840),
cimetière du Père-Lachaise.

1829, 19 février, crypte est

SOUFFLOT, *Jacques-Germain*
22 juillet 1713, Irancy (Yonne) /
29 août 1780, Paris

En 1739, Jacques-Germain Soufflot, alors jeune architecte, présente un mémoire sur les proportions de l'architecture à l'académie des beaux-arts de Lyon. En 1750, il accompagne M. de Vandières, frère cadet de la marquise de Pompadour, dans un voyage à Rome. Ils visitent ensemble les temples de Paestum et d'autres édifices de l'Antiquité, tout en étudiant les dômes et coupoles de la Renaissance. Vandières, devenu marquis de Marigny, intrigue afin que Soufflot soit préféré à Gabriel pour la réalisation de l'édifice promis par Louis XV aux génovéfains. En tant qu'intendant des Bâtiments du roi, il le charge du tracé des plans de l'église et de la coordination du chantier.
En 1756, Soufflot est nommé contrôleur des Bâtiments du roi. Il est anobli en mars 1757 et fait chevalier de l'ordre de Saint-Michel. Partageant son temps entre Lyon et Paris, il est le maître d'œuvre de plusieurs des plus beaux bâtiments de la capitale des Gaules (le théâtre, l'Hôtel-Dieu et la loge des Changes, devenue temple protestant) et de Paris (hôtel de Marigny, aujourd'hui disparu, faculté de droit, actuelle mairie du Ve arrondissement).
Soufflot meurt dans les bras de son ami l'abbé de l'Épée. Il avait lui-même rédigé son épitaphe, qui ne figure pas sur le caveau qu'il occupe dans l'édifice dont il fut l'architecte :

Pour maître dans son art, il n'eut que la nature ;
Il aima qu'au talent on joignît la droiture.
Plus d'un rival jaloux qui fut son ennemi,
S'il eût connu son cœur, eût été son ami.

L'architecte aurait été initié aux mystères de la franc-maçonnerie à la loge L'Aigle de Saint-Jean à l'Orient de Joigny (Yonne). Toutefois, son appartenance à l'Ordre maçonnique reste à attester par des documents authentiques.

Jacques Germain SOUFFLOT,
par Joseph Siffred Duplessis.

Ils sont honorés au Panthéon, mais leurs cendres reposent ailleurs

Pour des raisons qui demeurent parfois mystérieuses à l'entendement du profane quant au choix, les édiles représentant la conscience populaire décident d'honorer au Panthéon des personnalités marquantes de l'histoire nationale, sans pour autant assortir cet honneur d'une panthéonisation officielle et formelle. Ces personnalités participent des mythes fondateurs de la nation. Certaines d'entre elles ont eu une incidence sur le cours de l'histoire sans rapport avec la légende conservée dans la mémoire collective (saint Denis, sainte Geneviève, Jeanne d'Arc). D'autres font partie intégrante de l'histoire comme souverains (Clovis, Louis IX, Charlemagne) ou comme acteurs fédérateurs des énergies patriotiques par leurs actions positives (Bonaparte, Aurelle de Paladines*, Faidherbe*, Chanzy*, Teyssier*, Denfert-Rochereau*, combattants pour l'instauration de la République de 1848).

Leurs faits héroïques sont parfois représentés symboliquement dans un groupe peint (sainte Geneviève apaisant les Parisiens, Charlemagne recevant les clefs du Saint-Sépulcre, Louis IX à Tunis, baptême de Clovis) ou sculpté (orateurs et publiciste de la Restauration, vainqueurs de Valmy, etc.). Le visiteur constate que les mythes religieux et royaux sont généralement évoqués par des peintures et les gloires civiles et militaires par des groupes lapidaires.

Paris, le 2 mars 1848.

Le gouvernement provisoire,

Considérant que la nation tout entière doit être représentée aux funérailles des citoyens morts pour la République dans les journées des 23 et 24 février 1848.

Décrète :

Les funérailles des citoyens morts pour la République auront lieu le samedi 4 mars 1848.

A midi précis, il sera célébré solennellement, dans l'église de la Madeleine, un service religieux; un service sera également célébré dans toutes les églises de Paris.

Les corps seront déposés dans les caveaux de la colonne de Juillet et réunis aux cendres des combattants de 1830.

1920, 11 novembre

Aurelle de Paladines,
***Louis* Jean-Baptiste d'**
9 janvier 1804, Le Malzieu (Lozère) /
16 septembre 1877, Versailles (Yvelines)

Louis d'Aurelle de Paladines sert en Algérie de 1841 à 1848 puis se distingue en Crimée à la bataille de l'Alma (1854). À la retraite en 1870, il est rappelé au mois de septembre par Gambetta*, qui lui confie le commandement de la 1re armée de la Loire. Il bat les Allemands à Coulmiers (9 novembre 1870), sans changer l'issue de la guerre. Destitué, il est remplacé par Chanzy*.

1920, 11 novembre

Chanzy, Antoine Eugène *Alfred*
18 mars 1823, Nouart (Ardennes) /
4 janvier 1883, Châlons-sur-Marne,
aujourd'hui Châlons-en-Champagne (Marne)

Officier, Alfred Chanzy choisit les zouaves et l'administration indigène en Algérie qu'il ne quitte qu'à la déclaration des hostilités en 1870. Gambetta* lui donne le commandement du 16e corps d'armée, qui participe victorieusement aux batailles de Coulmiers et de Villepion. Entouré par trois armées ennemies, Chanzy se retire du Mans, le 11 janvier 1871. Élu député des Ardennes, il s'oppose à la paix et réorganise l'armée défaite. Gouverneur de l'Algérie en 1873, il est sénateur inamovible deux ans plus tard. Bien que non candidat, son prestige est tel qu'il lui vaut quelques voix à l'élection présidentielle de 1877.

Combattants de la Révolution de 1848, 196
22, 23, 24 et 25 février 1848

Mécontente de la politique personnelle de Louis-Philippe Ier et de la position rigide du ministère Guizot, l'opposition républicaine gronde : « *Vive la réforme ! à bas Guizot !* » Les rassemblements de toute nature sont dispersés par la force militaire. Un banquet, prévu à Paris le 22 février 1848, est interdit mais les républicains invitent le peuple à manifester. La troupe rétablit l'ordre, et le 23, le ralliement de la Garde nationale à la manifestation en faveur de la réforme provoque le renvoi par le roi de François Guizot. Ce geste ne suffit pas à faire cesser toute revendication. Une fusillade boulevard des Capucines fait cinquante-deux morts et Paris se soulève.
Le 24 février, Louis-Philippe fait appel à Adolphe Thiers qui l'avait porté sur le trône lors des Trois Glorieuses de 1830. Refusant de faire tirer sur le peuple comme ses prédécesseurs, Louis-Philippe demande le retrait des troupes que le général Bugeaud avait réparties aux points stratégiques de la capitale. Il abdique aux Tuileries en faveur de son petit-fils âgé de dix ans, Louis-Philippe Albert d'Orléans (Louis-Philippe II, 1838-1894). La régence est confiée à la duchesse d'Orléans, née Hélène de Mecklembourg-Schwerin (1814-1858).
Dans la nuit du 24 au 25 février 1848, Alphonse de Lamartine, Alexandre Ledru-Rollin, François Arago, Dupont de l'Eure et Alexandre Marie de Saint-Georges proclament la République. Le 27 février, devant l'Hôtel de Ville de Paris, debout sur une chaise, Lamartine harangue la foule assemblée qui veut conserver le drapeau rouge comme symbole de sa force révolutionnaire : « *Je repousserai jusqu'à la mort ce drapeau de sang et vous devriez le répudier plus que moi : car le drapeau rouge, que vous-mêmes rapportez, n'a jamais fait que le tour du Champ-de-Mars, traîné dans le sang du peuple en 1791 et 1793, et le drapeau tricolore a fait le tour du monde avec le nom, la gloire et la liberté de la patrie !* »
L'insurrection avait fait plusieurs centaines de victimes. Le gouvernement provisoire de la IIe République en identifie 196 qui, comme leurs aînés des journées révolutionnaires de 1830, auront droit, par le décret du 2 mars 1848, aux honneurs de la nation en étant inhumés dans le tambour de la colonne de Juillet sur la place de la Bastille.

C'est par une erreur d'interprétation de la puissance administrative que le cartel informatif des plaques d'airain fixées dans le couloir central de la crypte du Panthéon porte la mention : ***À la mémoire des martyrs de la Révolution tombés en 1830 et 1848 pour la défense de leurs idéaux.***
En effet, les noms ajoutés sur la dernière plaque l'ont été à la suite de deux demandes de modification de 1835 et 1836 (Archives nationales F^{13} 1145). La première série alphabétique de 282 noms fut complétée en 1841 par une seconde série alphabétique comprenant les noms de 221 autres victimes nouvellement identifiées (Archives nationales F^{21} 843).
Seules les 504 victimes des Trois Glorieuses de Juillet 1830 sont honorées par les inscriptions portées sur les plaques d'airain et en aucun cas les révolutionnaires tués pendant l'insurrection qui amena la chute de Louis-Philippe Ier, roi des Français[1], qui reposent place de la Bastille depuis le samedi 4 mars 1848.

1920, 11 novembre

DENFERT-ROCHEREAU,
Pierre Marie *Philippe* Aristide
11 janvier 1823, Saint-Maixent (Deux-Sèvres) / 11 mai 1878, Versailles (Yvelines)

Officier du génie, Philippe Denfert-Rochereau participe aux campagnes d'Italie, en 1849, sous les ordres de Niel. En 1855, durant la guerre de Crimée, il est blessé à la prise de Malakoff. Nommé lieutenant-colonel en 1863, il est promu sept ans plus tard colonel et gouverneur de la place de Belfort, dont il avait renforcé les fortifications dès 1864.
Après la trahison du maréchal Bazaine, pendant le siège de 1870, Denfert-Rochereau est l'âme de la résistance de la garnison et ne quitte la forteresse, le 18 février 1871, que sur l'ordre exprès du gouvernement de la Défense nationale, et ce sans avoir été vaincu, après cent trois jours de siège, sous le feu de quatre cent dix mille projectiles d'artillerie. Cette résistance héroïque permet la création du département du Territoire-de-Belfort, conservant ainsi à la France un morceau du Sundgau alsacien, détaché du département du Haut-Rhin.
Président de l'Union républicaine, Denfert-Rochereau est élu à l'Assemblée nationale en 1876 et soutient la politique de gauche du gouvernement de Gambetta* dans la nécessaire réforme des armées.

1920, 11 novembre

FAIDHERBE,
***Louis* Léon César**
3 juin 1818, Lille (Nord) / 28 septembre 1889, Paris

Officier du génie, Louis Faidherbe débute sa carrière en Algérie. Gouverneur du Sénégal (1854-1865), il dirige les opérations qui étendent la présence française en Afrique de l'Ouest, modernise les ports de Dakar et de Saint-Louis, faisant construire écoles et hôpitaux dans toute la colonie. Nommé gouverneur à Bône (Annaba) par Napoléon III, il se met au service du gouvernement de la Défense nationale après la capitulation de Sedan (1870). Général à la tête de quarante-cinq mille hommes, il remporte les victoires de Pont-Noyelles (décembre 1870) et de Bapaume (janvier 1871). Il est élu député du Nord la même année, et devient sénateur en 1879. Cette année-là, il se trouve également chargé d'une mission scientifique en Égypte.

1922, 30 avril

GUYNEMER, *Georges* Marie
24 décembre 1894, Paris /
11 septembre 1917, Poelkapelle (Belgique)

À la déclaration de la Grande Guerre, Georges Guynemer arrête ses études et cherche à s'engager pour défendre la patrie. Il est incorporé dans l'aviation et effectue son premier vol le 10 mars 1915. Le 8 mai, il est promu caporal à

1. Compte rendu de recherches établi le 2 octobre 1997 à l'attention de Bernard Jeannot, administrateur du Panthéon – Archives du Panthéon.

l'école militaire d'Avord et part rejoindre l'escadrille des Cigognes, composée d'une pépinière de futurs « as » qui rendront célèbre l'oiseau alsacien : Fonck, Dorme, Heurtaux… Le 19 juillet 1915, aidé de son mécanicien, Guerder, qui sert la mitrailleuse, Georges Guynemer remporte sa première victoire. Promu sergent, en septembre 1915, après plusieurs victoires en combat aérien, il reçoit la croix de chevalier de la Légion d'honneur des mains du président de la République. Blessé au-dessus de Verdun, plusieurs fois abattu durant la campagne des Flandres, il est le héros aux cinquante-quatre victoires homologuées, « déifié » de son vivant. La veille d'être muté à l'École de l'armée de l'air comme instructeur, il disparaît dans le ciel de Poelkapelle, à bord de son Spad XIII S.504 n° 2.
Une plaque commémorative est inaugurée le 30 avril 1922 par le président du Conseil Raymond Poincaré. Elle comporte l'inscription suivante :

À la mémoire du capitaine Guynemer,
symbole des aspirations et des enthousiasmes
de l'armée de la nation.

Georges Guynemer (au centre).

1920, 11 novembre

Teyssier, Louis *Casimir*
25 août 1821, Albi (Tarn) /
1er novembre 1916, Albi

Casimir Teyssier commence sa carrière militaire comme simple soldat, en 1842. Il devient officier d'état-major des places fortifiées en 1867. Lieutenant-colonel au moment de la déclaration de la guerre franco-prussienne de 1870, son titre de gloire le plus important est la résistance à l'ennemi comme défenseur de Bitche. Une pluie d'obus s'abat sur la ville assiégée par les Prussiens. Le 22 août, un parlementaire somme le commandant de la place de se rendre après une trêve de trente minutes : Teyssier refuse. Le 2 septembre, après le départ du maire et d'un convoi de femmes et de blessés, les combats reprennent malgré le typhus et la variole. Les troupes sont galvanisées par le nouveau président de la commission municipale, Lamberton. Dans la nuit du 31 janvier au 1er février 1871, un envoyé allemand vient annoncer l'armistice ; Teyssier refuse de déposer les armes, mais, pour éviter une hécatombe, attendant le retour d'un émissaire qu'il a envoyé à Bordeaux auprès du gouvernement provisoire, il signe, le 26 mars, une convention qui suspend les combats. Il quitte finalement la place, enseignes déployées. Le siège a duré sept mois.
Les artisans de la Défense nationale contre l'envahisseur sont honorés par une plaque gravée sous l'urne contenant le cœur de Gambetta, au pied de l'escalier est conduisant à la crypte. Le visiteur peut y lire l'inscription suivante :

À la mémoire
des généraux d'Aurelle de Paladines
Chanzy et Faidherbe,
des colonels Denfert-Rochereau et Teyssier
ainsi que des officiers et soldats
des armées de terre et de mer qui,
en 1870-1871,
ont sauvé l'honneur de la France.

Les oublié(e)s du Panthéon

Contrairement à une idée reçue tenace, si les femmes ne sont pas nombreuses à bénéficier de la gloire du Panthéon, elles ne sont pas complètement oubliées. Marie Sklodowska (Marie Curie*) en 1995, Geneviève de Gaulle-Anthonioz* et Germaine Tillion, en 2015, rejoignent 15 femmes panthéonisées presque anonymement dans la liste des 197 Écrivains combattants* de la Seconde Guerre mondiale proposée à l'exemplarité nationale en 1949 : Berty Albrecht, Hélène Allatini, Marguerite Aron, Denise Clairouin, Manon Cormier, Annie de Montfort, Suzanne Gaffré, Olga Goutwein, Jacqueline Grüner, dite Nanine Grüner, Hélène-Arlette Humbert-Laroche, Odette Lenoël, Marietta Martin, Irène-Irma Némirovski, Émilie Tillion (mère de Germaine Tillion*), Marie-Hélène Wuilleumier.

Beaucoup des panthéonisés de la Révolution française furent oubliés une fois la proposition adoptée. La colonne qui devait porter leur nom gravé dans le marbre ne fut jamais érigée. Ainsi tombèrent dans l'oubli :

- Le général Nicolas Brûlé (1758-1794) et l'adjudant-général Langlois, confondus en une seule et même personne sous le nom de « Bruslé de Langlois » par le législateur trop empressé, morts au combat au défilé de Saorgio en Piémont (lieu actuellement rattaché au département des Alpes-Maritimes) – décret du 6 mai 1794.
- Le général Luc Siméon Auguste Dagobert (1736-1794), tombé à Puigcerdá, lors de la campagne de Cerdagne.
- François de Salignac de La Mothe-Fénelon dit Fénelon (1651-1715). Claude Bazire (1764-1794) et Armand-Joseph Guffroy (1742-1801), député du Pas-de-Calais, proposent de transférer les cendres de Fénelon au Panthéon (sans suite).
- Le général Nicolas Haxo (1749-1794) qui *se brûle la cervelle pour ne pas tomber aux mains des brigands* pendant la campagne de Vendée (décret de panthéonisation du 28 avril 1794).
- Le général Guillaume Mirabel (1744-1794), tué à Saint-Laurent-de-la-Mouga en Catalogne (décret du 22 août 1794).
- Jean-Baptiste Poquelin, dit Molière (1622-1673), comédien. Un décret de l'an VII demande la translation de ses cendres au Panthéon (sans suite). Un arrêté du Directoire modifie le décret conventionnel pour que ses restes soient transférés au musée des Monuments français.
- L'adjudant-général Jean-Baptiste Moulin (1754-1794), dont la conduite est louée par Jean-Antoine Rossignol (1759-1802), pour sa victoire sur les « brigands vendéens » à Cholet. Il se suicide pour éviter d'être pris par les rebelles. Le décret de la Convention lui décerne un monument et demande l'inscription de son nom sur une colonne au Panthéon.

• Les vainqueurs de la prise des Tuileries le 10 août 1792. En 1794, Joseph Lakanal (1762-1845) fait voter par la Convention un décret demandant l'édification d'une colonne au Panthéon portant les noms des combattants qui, en prenant les Tuileries, voulurent abattre le despotisme.

Pour terminer cette liste (non exhaustive[1]), le 10 février 1792, Charles-Emmanuel de Pastoret (1755-1840), député de Paris et promoteur de l'inscription ***Aux grands hommes la patrie reconnaissante***, présente à l'Assemblée législative une motion demandant d'accorder les honneurs du Panthéon à Montesquieu. Le lendemain, Charles Lambert (1734-1816), député de la Côte-d'Or, qui rapporte cette motion au nom du Comité d'instruction publique, en profite pour demander que la même faveur soit décernée à la mémoire de Louis XII et de Henri IV « *comme étant les seuls rois qui se soient montrés les pères du peuple* ». Les deux propositions sont rejetées.

Que faut-il penser des propositions d'inhumation dans la nécropole nationale des anciens présidents du Conseil Edgar Faure et Pierre Mendès France, du biologiste Louis Pasteur, du philosophe Auguste Comte, des hommes de lettres Alphonse de Lamartine, Romain Rolland et Charles Péguy (refusées par les familles), du peintre Claude Monet, de la romancière George Sand ? Ces demandes sont simplement représentatives de l'aspiration populaire à voir immortaliser les hérauts des valeurs immuables assurant l'équilibre social et la pérennité d'une civilisation européenne en reconstruction.

Le citoyen éclairé du XXIe siècle regrette le silence qui répond aux sollicitations de panthéonisation de femmes telles qu'Olympe de Gouges, Maria Deraisme, Louise Michel, Juliette Dodu, et de tant d'autres personnalités féminines qui attendent, comme leurs sœurs le firent pendant cent cinquante ans pour le droit de vote, l'égalité dans la reconnaissance par la patrie de leur exemplarité.

Les jeunes générations intègrent le Panthéon français dans leurs préoccupations civiques. Ce n'est pas sans humour qu'en 2003 l'École nationale supérieure des arts décoratifs proposa à ses élèves de troisième année, pour l'obtention du prix Da-Silva-Bruhns, un sujet de concours portant sur une scénographie événementielle : « *L'entrée de Jacques Tati au Panthéon ouvre la prochaine Nuit blanche à Paris.* »

1. Liste extraite de la *Table alphabétique du Moniteur, de 1787 jusqu'à l'an VIII, de la République (1799).*

Alphonse de LAMARTINE (1790-1869),
poète célèbre et chef du gouvernement
provisoire de 1848 ; photographie de Félix Nadar,
1855-1860.

Juliette DODU (1848-1909),
héroïne de la guerre
de 1870-1871 ;
gravure d'Adolphe Potemont,
1879.

Chronologie

Dates	Contexte historique	Histoire du monument
1744	***8 août*** Pendant la guerre de Succession d'Autriche, Louis XV, en visite aux armées, tombe malade à Metz.	Pour obtenir sa guérison, Louis XV fait vœu à Metz de reconstruire l'église abbatiale Sainte-Geneviève.
1751	Diderot et d'Alembert publient le premier tome de l'*Encyclopédie*.	
1755	***10 février*** Mort de Montesquieu, auteur de *De l'esprit des lois* et des *Lettres persanes*.	Jacques Germain Soufflot est chargé du projet. La partie ouest des jardins de l'ancienne abbaye Sainte-Geneviève est affectée à la nouvelle construction.
1757	***5 janvier*** À Versailles, Damiens tente d'assassiner Louis XV en le frappant d'un coup de canif.	***2 mai*** Louis XV approuve les plans de Soufflot pour la construction de la nouvelle église.
1762	Publication par Jean-Jacques Rousseau du *Contrat social* et d'*Émile ou De l'éducation*.	Lancement des loteries pour le financement de la construction de l'édifice.
1764	Publication du *Dictionnaire philosophique* de Voltaire. Dissolution de la Compagnie de Jésus et expulsion de France des jésuites.	***6 septembre*** Louis XV pose la première pierre, bénite par le chanoine Pingré, moine bibliothécaire de l'abbaye Sainte-Geneviève.
1775	***2 mai*** Libération du prix des céréales par Turgot. Première insurrection populaire dite « guerre des farines ».	Guillaume II Coustou réalise la première frise : *Le Triomphe de la foi, sainte Geneviève recouvrant la vue à sa mère*.
1780	***Février*** Necker réforme la fiscalité en instaurant la perception directe par l'État.	***29 août*** Mort de Soufflot. Brébion, Rondelet et Soufflot le Romain poursuivent les travaux.
1789	***5 mai*** Les états généraux se constituent en Assemblée nationale. ***14 juillet*** Prise de la Bastille. ***4 août*** Abolition des privilèges et du droit féodal.	Rondelet termine le dôme et sa décoration.
1791	***10 mars*** Le pape Pie VI condamne la Constitution civile du clergé. ***2 avril*** Mort de Mirabeau. ***20 juin*** La famille royale en fuite est arrêtée à Varennes. ***1er octobre*** L'Assemblée législative remplace la Constituante.	***4 avril*** Naissance du Panthéon français ; décret affectant l'église Sainte-Geneviève au culte des grands hommes. Panthéonisation de Mirabeau. ***11-17 juillet*** Panthéonisation de Voltaire. ***11 septembre*** Transfert des cendres de Mirabeau au Panthéon. ***13 décembre*** Inhumation des cendres de Voltaire au Panthéon.

1792	***23 avril*** Rouget de Lisle compose *Le Chant de guerre pour l'armée du Rhin,* qui deviendra *La Marseillaise.* ***20 septembre*** Victoire de Valmy sur les Prussiens. ***22 septembre*** La Convention proclame la République. ***6 novembre*** Victoire de Jemmapes sur les Autrichiens. ***6 au 26 décembre*** La Convention nationale s'érige en tribunal pour traduire Louis XVI en procès pour haute trahison.	***10 février*** Pastoret, président de l'Assemblée législative, propose la panthéonisation de Montesquieu (sans suite) et cette inscription au fronton : *Aux grands hommes, la patrie reconnaissante* (adoptée). Quatremère de Quincy transforme le monument en nécropole. ***3 juin 1792*** Panthéonisation de Jacques Simonneau. Seule son écharpe est exposée au Panthéon. ***12 septembre*** Panthéonisation de Beaurepaire (corps inhumé à Sainte-Menehould).
1793	***21 janvier*** Louis XVI est guillotiné. ***1er février*** Déclaration de guerre à l'Angleterre et aux Provinces-Unies. ***15 février*** Adoption du drapeau tricolore. ***13 juillet*** Charlotte Corday poignarde Marat. ***28 juillet*** Prise de Valenciennes par les Autrichiens. ***16 octobre*** Marie-Antoinette est guillotinée. ***31 octobre*** Exécution des Girondins.	***24 janvier*** Panthéonisation et inhumation de Le Peletier de Saint-Fargeau. Moitte achève *La Patrie couronnant les vertus civiles et héroïques,* qui remplace au fronton la frise de Coustou. ***13 mai*** Panthéonisation de Picot de Dampierre (corps inhumé à Valenciennes). ***11 juin*** Panthéonisation de Joseph Sauveur (corps non parvenu). ***17 octobre*** Décret de panthéonisation de Descartes (corps à Saint-Germain-des-Prés). ***28 décembre*** Décrets de panthéonisation de Bara et de Viala (corps disparus sur les champs de bataille).
1794	***24 mars*** Exécution des hébertistes. ***5 avril*** Exécution des dantonistes. ***27 juillet*** (9 thermidor) Exécution des robespierristes. ***18 septembre*** Décret instaurant la séparation de l'Église et de l'État (loi votée en 1795).	***9 juillet*** Panthéonisation des marins du *Vengeur du peuple* (corps engloutis en mer d'Iroise). ***21 septembre*** Panthéonisation de Marat. Expulsion des cendres de Mirabeau. ***11 octobre*** Panthéonisation de Jean-Jacques Rousseau.
1795	***5 octobre*** Bonaparte réprime au canon l'insurrection royaliste du 13 vendémiaire. ***1er novembre*** Barras dirige le Directoire.	***14 février*** Expulsion des cendres de Marat. Le corps de Le Peletier de Saint-Fargeau est rendu à sa famille.
1796	***11 mars*** Mariage de Napoléon Bonaparte et de Joséphine, veuve du général de Beauharnais.	***28 février*** Bonaparte ordonne la fermeture du club jacobin du Panthéon.
1799	***9 novembre*** (18 brumaire) Bonaparte devient Premier Consul à la suite d'un coup d'État.	La Commission des architectes de l'Institut constate qu'une des 4 colonnes supportant le dôme s'enfonce de 20 cm.

1801	***9 février*** Le traité de Lunéville donne à la France la rive gauche du Rhin. ***15 juillet*** Signature du Concordat, qui supprime la loi de séparation de l'Église et de l'État de 1795 et rétablit le culte catholique comme religion d'État.	Démolition de l'ancienne église Sainte-Geneviève en ruine. Les travaux seront terminés en 1807 ; seul le clocher restera debout. ***20 juillet*** Le Panthéon est de nouveau consacré au culte de sainte Geneviève auquel s'adjoint celui de saint Napoléon.
1804	***2 décembre*** Napoléon Bonaparte est sacré empereur.	***30 novembre*** Par décret impérial Daunou devient directeur perpétuel de la bibliothèque du Panthéon.
1806	***26 février*** Avec les pierres fournies par Crétet, Chalgrin débute les travaux de l'arc de triomphe de l'Étoile, monument consacré à la gloire de la Grande Armée. ***6 août*** Fondé par Otton Ier le Grand en 962, le Saint Empire romain germanique est dissous par la renonciation de François II de Habsbourg-Lorraine à la couronne impériale. ***14 octobre*** Victoires d'Iéna et d'Auerstedt sur la Prusse. Napoléon entre dans Berlin le 27 octobre.	***16 février*** Allocation de 600 000 francs par l'Empereur pour la consolidation des assises du dôme. La capacité de la crypte est portée à 242 places. ***20 février*** Décret restituant le monument au clergé et affectant la crypte à l'inhumation des dignitaires civils de l'Empire. Le caveau n°IV est affecté aux protestants. ***17 mars*** Tronchet est le premier dignitaire à bénéficier des nouvelles dispositions funéraires. ***27 mai*** Inhumation de Petiet.
1807	***7 juillet*** Traité de paix de Tilsit. Napoléon Ier et le tsar Alexandre Ier se partagent l'Empire ottoman et l'Europe continentale.	***14 mars*** Inhumation de Bévière. ***23 mai*** Inhumation d'Albert de Luynes. ***29 août*** Inhumation de Portalis. ***12 octobre*** Inhumation de Resnier.
1808	***2 et 3 mai*** Madrid se révolte contre l'occupation des troupes françaises. ***10 mai*** Au terme d'une querelle dynastique avec son fils Ferdinand VII, Charles IV de Bourbon renonce au trône d'Espagne. ***20 juillet*** Joseph Bonaparte est proclamé roi d'Espagne.	***4 février*** Inhumation de Choiseul-Praslin. ***22 février*** Inhumation de Perrégaux. ***8 avril*** Inhumation du cœur de Malher. ***14 mai*** Inhumation du corps de Cabanis (cœur à Auteuil). ***30 septembre*** Inhumation de Béguinot. ***5 octobre*** Inhumation du corps de Caulaincourt (cœur à Caulaincourt).
1809	***21 mai*** Victoire d'Essling. Mort de Lannes et de Le Blond de Saint-Hilaire. ***6 juillet*** Victoire de Wagram sur les Autrichiens. Arrestation de Pie VII à Rome et incarcération du pape à Savone. ***4 octobre*** Paix de Vienne. L'Empire français annexe l'Illyrie et les États pontificaux. ***15 décembre*** Ne pouvant obtenir d'héritier de son épouse Joséphine, Napoléon divorce.	Aménagement des alentours du Panthéon : percement des rues d'Ulm et Clovis. ***Février*** Inhumation du cœur de Durazzo et du corps de Papin de Saint-Christau. ***31 mars*** Inhumation de Vien. ***14 avril*** Inhumation de Garnier de La Boissière. ***Juillet*** Inhumation du cœur de Morard de Galles. ***Septembre*** Inhumation du cœur de Sers. ***1er décembre*** Inhumation de Crétet.

1810	***1er avril*** Mariage à Saint-Cloud de Napoléon et de Marie-Louise, fille de l'empereur d'Autriche François II. ***10 août*** Victoire navale du Grand-Port, unique victoire de la marine napoléonienne gravée sur l'Arc de triomphe. ***3 décembre*** Les Anglais occupent les îles françaises de la Réunion, la Guadeloupe et Maurice.	Suppression de l'inscription *Aux grands hommes…* ***6 juillet*** Inhumations du maréchal Lannes et du général Le Blond de Saint-Hilaire. ***23 juillet*** Inhumation du cardinal Caprara. ***22 août*** Inhumation de Claret de Fleurieu. ***5 décembre*** Inhumation de Treilhard. La crypte est ouverte à la visite publique.
1811	***21 janvier*** Mort de Chalgrin, architecte de l'Arc de triomphe. ***5 mars*** Difficile victoire de Barrosa-Chiclana (Espagne) contre une alliance anglo-espagnole. ***Février-mars*** Intervention de la Banque de France et soutien des manufacturiers dans la crise du textile. ***20 mars*** Naissance de François Charles Joseph Napoléon Bonaparte, prince impérial et roi de Rome, fils de Napoléon Ier et de Marie-Louise de Habsbourg-Lorraine. ***8 septembre*** Victoire navale d'Arromanches. ***Octobre*** Visite de la famille impériale à Bruxelles et à Amsterdam.	Fin des aménagements de Rondelet : porche et double escalier oriental. Antoine Gros réalise *L'Apothéose de Napoléon* pour la coupole du dôme. ***5 janvier*** Inhumation de Songis des Corbons. ***11 mars*** Décret complémentaire affectant la crypte du monument aux dignitaires religieux de l'Empire. ***2 avril*** Inhumations conjointes des cardinaux Erskine of Kellie et Mareri. ***5 juin*** Inhumation du cœur de Hureau de Sénarmont. ***4 septembre*** Inhumation d'Ordener. ***5 septembre*** Inhumation du corps de Bougainville (cœur au cimetière du Calvaire, à Montmartre).
1812	***14 septembre*** Napoléon entre victorieux dans Moscou. ***23 octobre*** Échec de la conspiration du général Malet. ***26 novembre*** Désastre de la Bérézina.	***6 juin*** Inhumation du corps de l'amiral de Winter (cœur dans l'église de Kampen en Hollande). ***27 juillet*** Inhumation de Dorsenne Le Paige.
1813	***28 mai*** Les Anglais entrent victorieux dans Madrid. ***15 août*** Ouverture du canal de l'Ourcq à la navigation entre Paris et Claye. ***30 novembre*** Fondation du royaume des Pays-Bas par l'union des anciens Pays-Bas espagnols et du royaume de Hollande, évacué par les Français, avec Guillaume d'Orange-Nassau comme prince souverain.	Baltard remplace Rondelet fils comme architecte du Panthéon. ***13 avril*** Inhumation de Lagrange. ***16 juin*** Inhumation de Jacqueminot. ***25 juin*** Inhumation de Cossé-Brissac. ***25 octobre*** Inhumation de Viry. ***11 novembre*** Inhumation du sénateur Rousseau.
1814	***4 avril*** Napoléon Ier abdique en faveur de son fils, le roi de Rome. ***6 avril*** Restauration des Bourbons. Louis XVIII est installé sur le trône par le Sénat ; première Restauration. ***4 mai*** Napoléon est exilé sur l'île d'Elbe.	***11 février*** Inhumation de Démeunier. ***10 mars*** Inhumation de Reynier. ***28 juin*** Inhumation de Regnier. ***13 juillet*** Inhumation de Walther.

1815	***18 juin*** Les « Cent-Jours » : retour au pouvoir de Napoléon qui est définitivement vaincu à Waterloo. ***8 juillet*** Louis XVIII, exilé à Gent (Gand), revient s'installer aux Tuileries.	***12 janvier*** Inhumation de Legrand. ***Février*** Inhumation de Thévenard.
1821	***23 mars*** Découverte du minerai d'aluminium par le géologue Pierre Berthier aux Baux-de-Provence. ***5 mai*** Après 2 000 jours de captivité, mort de Napoléon à Sainte-Hélène.	***12 décembre*** Le monument, consacré à sainte Geneviève, est rendu au clergé parisien. ***29 décembre*** Déplacement des cendres de Rousseau et de Voltaire dans une chapelle située sous le péristyle.
1822	***3 mai*** Début des travaux du canal Saint-Martin. ***17 septembre*** Champollion découvre le secret de l'écriture hiéroglyphique. ***22 octobre*** Au congrès de Vérone, la Sainte-Alliance autorise la France à intervenir en Espagne.	*La Croix rayonnante* de Baltard remplace le fronton de Moitte, jugé d'inspiration trop républicaine. ***21 janvier*** Le Panthéon devient l'église Sainte-Geneviève, consacrée par l'archevêque de Paris.
1824	***7 mai*** Beethoven donne sa 9e symphonie dont le 4e mouvement deviendra l'hymne européen en 1972. ***16 septembre*** Mort de Louis XVIII. Charles X succède à son frère.	***4 novembre*** Charles X inaugure et admire la modification de la peinture du dôme, devenue *L'Apothéose de sainte Geneviève,* et confère au peintre Antoine Gros le titre de baron.
1827	***20 octobre*** Victoire navale anglo-franco-russe à Navarin (Grèce) contre la flotte turco-égyptienne.	***13 mars*** Un état des sépultures est effectué à la demande du député Héricart de Thury. La crypte est fermée au public.
1829	Publication du manuel d'utilisation de l'écriture tactile de Louis Braille.	***19 février*** Le corps de l'architecte Soufflot est inhumé dans la crypte est.
1830	***27, 28 et 29 juillet*** Les Trois Glorieuses. Les journées insurrectionnelles populaires provoquent l'abdication de Charles X. ***7 août*** Louis-Philippe d'Orléans est déclaré « *roi des Français* » par la Chambre des députés. ***9 août*** La religion catholique n'est plus religion d'État. ***4 octobre*** La Belgique proclame son indépendance aux accents de *La Marseillaise*, rapidement remplacée par *La Brabançonne*. ***5 décembre*** Hector Berlioz exécute *La Symphonie fantastique* pour la première fois.	***26 août*** Le monument est laïcisé et redevient le Panthéon consacré à l'inhumation des grands hommes. La capacité de la crypte est portée à 300 places. ***4 septembre*** Les cendres de Rousseau et de Voltaire reprennent leur place de part et d'autre de la crypte est. ***11 décembre*** Décret de panthéonisation des 504 combattants des Trois Glorieuses, de Benjamin Constant, de François de La Rochefoucauld-Liancourt, de Jacques-Antoine Manuel et de Maximilien Foy (transferts jamais effectués). ***Nuit du 21 au 22 décembre*** Émeutes devant le monument, la foule voulant voir inhumé le cercueil de Benjamin Constant dans la crypte du Panthéon.

1831	***15 mars*** À 29 ans, Victor Hugo publie *Notre-Dame de Paris*. ***21-23 novembre*** À Lyon, révolte des canuts (ouvriers de la soierie).	***29 juillet*** Louis-Philippe Ier rend hommage aux insurgés des Trois Glorieuses et scelle, dans l'allée centrale de la crypte ouest, les quatre tables en airain sur lesquelles sont gravés les noms des héros de Juillet 1830.
1837	***26 août*** Louis-Philippe Ier inaugure la première ligne de chemin de fer de voyageurs de Paris à Saint-Germain-en-Laye. ***13 octobre*** Prise de Constantine par les Français.	***Septembre*** Le fronton de David d'Angers, *La Patrie distribue les couronnes que lui tend la Liberté tandis que l'Histoire inscrit le nom des grands hommes*, remplace le bas-relief de Baltard.
1848	***22, 23 et 24 février*** Journées révolutionnaires amenant la proclamation de la IIe République. ***27 avril*** Abolition définitive de l'esclavage.	***24 juin*** Le général Damesme fait tirer au canon sur la porte du Panthéon pour déloger les insurgés enfermés dans le monument.
1851	***2 décembre*** Coup d'État du prince-président Louis-Napoléon Bonaparte, futur Napoléon III. ***3 décembre*** Mort d'Alphonse Baudin.	***19 février*** Expérience du pendule de Foucault, marquant l'entrée de la science au Panthéon. ***6 décembre*** Le monument est réaffecté au culte catholique.
1853	***3 janvier*** La religion catholique est rétablie comme religion d'État.	***21 janvier*** La châsse de sainte Geneviève est installée sous le dôme, à la croisée du transept.
1861	***10 juin*** La France et le Royaume-Uni déclarent leur neutralité dans la guerre de Sécession ayant pour objet l'abolition de l'esclavage en Amérique du Nord.	***22 août*** Réclamé par Rome, le corps du cardinal Mareri est exhumé pour restitution.
1862	***5 juin*** Traité de Huê. Tu Duc, empereur d'Annam, cède la basse Cochinchine à la France.	***19 avril*** Le corps du sénateur Louis Joseph d'Albert de Luynes est rendu à sa famille.
1870	***4 septembre*** Effondrement militaire du Second Empire. Proclamation de la IIIe République par Jules Ferry, Jules Fabre et Léon Gambetta.	Siège de Paris. Le monument sert de mire aux batteries prussiennes bombardant la ville depuis les hauteurs de Châtillon.
1871	***18 janvier*** Proclamation de l'Empire allemand dans la galerie des Glaces du château de Versailles. L'Alsace et une partie de la Lorraine sont rattachées au nouvel empire. ***18 mars-27 mai*** Gouvernement de la Commune à Paris.	***31 mars*** Le drapeau de la Commune flotte au sommet du fronton. ***26 mai*** Le député Millière est fusillé sur les marches, entre les colonnes centrales, sous le fronton.
1873	***24 mai*** Le maréchal de Mac-Mahon est élu président de la République. ***19 novembre*** Instauration du septennat présidentiel.	***Juillet*** La croix de 1 500 kg reprend place au sommet du dôme.

1881	*28 mars* Gratuité de l'enseignement primaire. *12 mai* Traité du Bardo instaurant le protectorat français sur la Tunisie. *29 juillet* Loi sur la liberté de la presse.	*19 juillet* Loi réaffectant le monument au culte des vertus civiques par l'inhumation des grands hommes représentant les valeurs républicaines.
1885	*26 février* Conférence de Berlin partageant le continent africain entre les 14 pays européens présents. *22 mai* Mort de Victor Hugo. *16 juillet* Pasteur vaccine pour la première fois contre la rage le berger alsacien Meister.	*28 mai* La desserte religieuse est retirée à l'épiscopat par Jules Grévy et le monument est laïcisé. *1er juin* Funérailles nationales et panthéonisation de Victor Hugo.
1889	*6 mai* Inauguration de l'Exposition universelle. *14 juillet* Centenaire de la Révolution française. *4 août* Centenaire de l'abolition des privilèges.	*4 août* Panthéonisation et inhumation de Baudin, de Carnot, de Corret de La Tour d'Auvergne et d'une partie des cendres de Marceau pour la commémoration du centenaire de la Révolution.
1894	*20 juin* Yersin découvre le bacille de la peste. *24 juin* Assassinat du président Sadi Carnot à Lyon.	*1er juillet* Funérailles nationales et panthéonisation du président de la République Sadi Carnot.
1897	*9 juillet* Le Conseil de Paris adopte le principe d'un chemin de fer métropolitain à traction électrique. Le projet des ingénieurs Huet et Bienvenüe est retenu.	*18 décembre* Identification des cendres de Rousseau et de Voltaire, déplacées par Mgr de Quelen et remises en place par la monarchie de Juillet.
1902	*8 mai* Éruption de la montagne Pelée en Martinique. *29 septembre* Mort d'Émile Zola.	*21 octobre* Camille Flammarion et Henri Poincaré renouvellent l'expérience du pendule de Foucault.
1907	*4 août* Intervention franco-espagnole au Maroc. *31 août* Triple Entente, alliance entre la Grande-Bretagne, la Russie et la France.	*25 mars* Funérailles nationales et panthéonisation de Marcellin Berthelot. Inhumation de Sophie Berthelot avec son époux.
1908	Lyautey est nommé haut-commissaire au Maroc.	*4 juin* Panthéonisation et inhumation d'Émile Zola.
1914	*31 juillet* Assassinat de Jean Jaurès. *3 août* Déclaration de guerre à l'Allemagne et à ses alliés.	Le monument de Landowski, *Aux artistes dont le nom s'est perdu*, est achevé.
1919	*26 octobre* Loi sur la commémoration des victimes de la Grande Guerre. *28 juin* Signature du traité de Versailles, qui met fin aux hostilités entre les différents belligérants de la Grande Guerre.	*Avril* Dans le chœur du monument, le général Malleterre, grand mutilé, procède à l'appel du nom de chacun des 560 Écrivains combattants morts pour la patrie durant la Grande Guerre.

1920	***10 janvier*** Entrée en vigueur du traité de Versailles. Instauration de la Société des Nations. ***22 novembre*** Les cendres du Soldat inconnu rejoignent l'arc de triomphe de l'Étoile.	Le Panthéon est classé monument historique. ***11 novembre*** Panthéonisation du Soldat inconnu et de Léon Gambetta. Installation du cœur de Gambetta dans la niche de l'escalier est conduisant à la crypte.
1922	***11 janvier*** Le médecin canadien Banting découvre le traitement du diabète par l'insuline. ***29 octobre*** Après la marche sur Rome, Mussolini, chef du Parti national fasciste, est appelé au gouvernement par le roi d'Italie. ***30 décembre*** Fondation de l'URSS, Union des républiques socialistes soviétiques.	Fin des travaux de sculpture du monument de Bouchard en pierre rose de Pouillenay, *Aux héros inconnus, aux martyrs ignorés, morts pour la France*. ***30 avril*** Le président du Conseil Raymond Poincaré inaugure la plaque au nom de Georges Guynemer honorant les aviateurs de la Grande Guerre.
1924	***3 mars*** Mustafa Kemal, chef de l'État, instaure les lois laïques en Turquie. ***4 mai*** Ouverture des VIIIe jeux Olympiques à Paris.	***23 septembre*** Le monument de Sicard, *La Convention nationale*, est achevé. ***23 novembre*** Panthéonisation et inhumation de Jean Jaurès.
1927	***21 mai*** Charles Lindbergh atterrit au Bourget après avoir traversé l'Atlantique en solitaire et sans escale. ***13 novembre*** Henri Bergson reçoit le prix Nobel de littérature.	***15 octobre*** Inauguration des plaques honorant les 560 Écrivains combattants morts pour la patrie durant la Grande Guerre (1914-1918).
1932	***11 mars*** Afin de relancer la natalité, la Chambre vote la loi du gouvernement Tardieu rendant obligatoire l'affiliation aux caisses d'allocations familiales.	***12 mai*** Funérailles nationales du président de la République assassiné, Paul Doumer, à Notre-Dame et au Panthéon, mais inhumation au cimetière de Vaugirard.
1933	***30 janvier*** Son parti étant vainqueur aux élections parlementaires, Adolf Hitler est nommé chancelier du Reich. ***7 décembre*** André Malraux reçoit le prix Goncourt.	***4 novembre*** Funérailles nationales et panthéonisation de Paul Painlevé.
1944	***21 avril*** Les Françaises obtiennent le droit de vote. ***6 juin*** Débarquement des troupes alliées en Normandie.	***11 novembre*** Reprise des cérémonies commémoratives aux monuments des Écrivains combattants.
1945	***8 mai*** La France, les États-Unis, l'Union soviétique et la Grande-Bretagne reçoivent la reddition de l'Allemagne, marquant la fin de la Seconde Guerre mondiale en Europe.	Le MRP (Mouvement républicain populaire), parti politique présidé par le général de Gaulle, propose la panthéonisation d'Henri Bergson. Une inscription sera gravée sur le pilier nord-est du chœur.

1948	*27 avril* Centenaire de l'abolition de l'esclavage. Gaston Monnerville propose la panthéonisation conjointe de Victor Schœlcher et de Félix Éboué.	*17 novembre* Panthéonisation et inhumation de Paul Langevin et de Jean Perrin.
1949	*10 janvier* Le docteur Lépine, de l'Institut Pasteur de Paris, et le docteur Muller, de l'université de Leyde (Pays-Bas), identifient trois virus de la grippe. *27 juillet* La France adhère à l'OTAN. *10 août* La création du Conseil de l'Europe marque le début de la construction européenne.	*20 mai* Panthéonisation et inhumation de Victor Schœlcher et de Félix Éboué. Inhumation de Marc Schœlcher avec son fils. *2 juillet* Inauguration des plaques honorant les 197 Écrivains combattants morts pour la patrie durant la Seconde Guerre mondiale.
1952	*9 mai* L'Allemagne occidentale (RFA), la Belgique, la France, l'Italie, le Luxembourg et les Pays-bas signent un traité de Communauté européenne de défense (non ratifié).	*22 juin* Panthéonisation et inhumation du corps de Louis Braille ; ses mains restent au cimetière de Coupvray.
1964	*27 janvier* La France reconnaît la République populaire de Chine et procède à un échange d'ambassadeurs avec Pékin.	*19 décembre* Panthéonisation et inhumation des cendres de Jean Moulin.
1965	*16 juillet* Inauguration du tunnel sous le Mont-Blanc. *19 décembre* Le général de Gaulle est réélu président de la République.	*17 septembre* Le ministre des Anciens Combattants, Jean Sainteny, dévoile l'inscription gravée sur le pilier sud de la croisée du transept honorant Antoine de Saint-Exupéry.
1967	*28 décembre* Vote de la loi Neuwirth autorisant la contraception.	*11 mars* L'inscription en hommage à Henri Bergson est dévoilée.
1981	*10 mai* François Mitterrand est élu président de la République. *18 septembre* Abolition de la peine de mort.	*21 mai* Investiture de François Mitterrand, qui rend hommage à Jean Moulin, Jean Jaurès et Victor Schœlcher en déposant une rose sur chaque sépulture.
1982	*13 janvier* Le gouvernement de Pierre Mauroy instaure la semaine de 39 heures pour les salariés et généralise la cinquième semaine de congés payés.	La première pièce de 100 francs en argent est frappée en 3 002 200 exemplaires par la Monnaie de Paris avec la représentation du Panthéon sur l'avers.
1985	*6 mars* Installation du Haut Conseil de la francophonie, chargé du développement de la culture et de la langue française dans le monde.	Début des travaux de restauration générale sous la direction d'Hervé Baptiste, architecte en chef des monuments historiques.
1987	*11 mai-4 juillet* Procès de Klaus Barbie, ancien chef de la Gestapo de Lyon et tortionnaire de Jean Moulin.	*5 octobre* Panthéonisation et inhumation de René Cassin.

1988	***11 octobre*** L'économiste et physicien Maurice Allais reçoit le prix Nobel d'économie.	***9 novembre*** Panthéonisation et inhumation de Jean Monnet.
1989	***13 juillet*** Inauguration du nouvel Opéra de Paris, place de la Bastille. ***14 juillet*** Bicentenaire de la Révolution française. ***9 novembre*** Effondrement du mur de Berlin. Sa destruction entraîne la chute progressive des régimes communistes en Europe, puis la fin et le démantèlement de l'Union soviétique.	***10 novembre*** Panthéonisation du général Delestraint ; seule une épitaphe est gravée dans la nef sud, ses cendres ayant été dispersées à Dachau. ***12 décembre*** Panthéonisation et inhumation des cendres de Condorcet, de l'abbé Grégoire et de Monge.
1995	***30 mars*** Inauguration, sur la rive gauche de la Seine, du nouveau site de la Bibliothèque nationale de France. ***7 mai*** Jacques Chirac est élu président de la République.	***20 avril*** Panthéonisation et inhumation de Marie et Pierre Curie.
1996	***25 mars*** Traité de Rarotonga mettant fin aux essais nucléaires des grandes puissances dans le Pacifique.	***23 novembre*** Panthéonisation et inhumation d'André Malraux.
1998	***11 mai*** Frappe de la première pièce de la nouvelle monnaie européenne, l'euro, dont la mise en circulation est effective au 1er janvier 2002.	***27 avril*** Le garde des Sceaux dévoile les inscriptions honorant Delgrès et Toussaint Louverture pour le 150e anniversaire de l'abolition de l'esclavage.
2002	***6 mai*** Jacques Chirac est réélu président de la République pour cinq ans. ***20 décembre*** Proposition de création du Conseil français du culte musulman.	***30 novembre*** Avec la panthéonisation d'Alexandre Dumas, « les trois mousquetaires » entrent au Panthéon.
2007	***1er janvier*** La Roumanie et la Bulgarie intègrent l'Union européenne. La Slovénie adopte l'euro comme monnaie. ***22 janvier*** Mort de l'abbé Pierre. ***14 mars*** Mort de Lucie Aubrac, membre de l'Assemblée du gouvernement provisoire à la Libération. ***6 mai*** Nicolas Sarkozy est élu président de la République.	***18 janvier*** Jacques Chirac, président de la République, et Simone Veil, ancienne déportée et présidente de la Fondation pour la Mémoire de la Shoah, inaugurent l'inscription honorant les 2 725 Français portant le titre de *Justes parmi les nations* donné par le mémorial israélien de Yad Vashem à ceux qui, au péril de leur vie, sauvèrent des juifs durant la Seconde Guerre mondiale.
2011	***11 février*** En Égypte, le président Hosni Moubarak démissionne. ***31 mars*** Mayotte devient le 101e département français.	***6 avril*** Nicolas Sarkozy, 6e président de la Ve République, dévoile l'inscription après la panthéonisation d'Aimé Césaire, poète, concepteur et apôtre de la négritude.

2014	***5-7 mars*** La France et ses partenaires européens se proposent comme médiateurs dans le conflit qui oppose l'Ukraine et la Russie à propos de la Crimée.	***21 février*** François Hollande, 7e président de la Ve République, annonce la panthéonisation de Geneviève de Gaulle-Anthonioz, Pierre Brossolette, Germaine Tillion et Jean Zay. Les corps seront transférés au Panthéon le 27 mai 2015.

Index des notices

Crédits photographiques

Assemblée nationale : 71.

Association Germaine Tillion : 74.

Bibliothèque nationale de France : 17 (h), 18, 19, 21, 22, 24, 25, 28, 30, 35, 36, 38 (b), 43, 49, 50, 51, 53, 65 (h), 70, 99, 103 (g).

Centre des monuments nationaux, Paris/Ph. Berthé : 14, 15, 65 (b), 68, 80, 93, 96, 102 ; P. Cadet : 46 ; J.-J. Hautefeuille : 8, 10 ; P. Lemaître : 45, 75 ; C. Rose : 1er rabat de couv., 7, 101.

Château de Versailles, dist. RMN-Grand Palais/C. Fouin : 90.

Fondation de la Résistance/collection Défense de la France : 60.

Harlingue/Roger-Viollet, Paris : 69.

Médiathèque de l'architecture et du patrimoine/Archives photographiques/ Centre des monuments nationaux/Fonds Beaux-Arts : 72, 95 ; Fonds Manuel : 56 ; Fonds Nadar : 58, 61, 63, 64, 73, 79, 111 (h).

Ministère de la Culture – Médiathèque du patrimoine, dist. RMN-Grand Palais/Studio Harcourt : 76.

Musée de l'Air et de l'Espace, Le Bourget : 108.

Musée d'Art et d'Histoire du judaïsme, Paris : 78.

Musée d'Art et d'Histoire de Pithiviers : 111 (b).

Musée de l'Ordre de la Libération, Paris : 52, 54, 59 (h), 67, 86.

Photothèque des musées de la Ville de Paris/Habouzit : 39, 42 ; Toumazet : 11.

RMN-Grand Palais/D. Arnaudet : 37, 62 ; J.-G. Berizzi : 100 ; G. Blot : 17 (b), 29, 31, 32, 55 ; DR : 13, 38 (h), 81 ; C. Jean : 104 ; R.-G. Ojéda : 88 ; F. Raux : 97.

RMN-Grand Palais (château de Versailles)/D. Arnaudet, G. Blot : 94 ; G. Blot : 92 ; image RMN-GP : 85.

P. Tesnière-Serfati : 103 (d).

Tous droits réservés : 83, Fort-de-France.

Table des matières

Centre des monuments nationaux
Président
Philippe Bélaval
Directrice générale
Bénédicte Lefeuvre

Éditions du patrimoine
Directeur des éditions
Jocelyn Bouraly
Responsable éditoriale
Catherine Donzel
Conception, mise en page, fabrication
Carine Merse
Compléments iconographiques
Nathalie Bost-Ienn

Coordination éditoriale et iconographique
Frédéric Chaumont

Correction
Marie-Odile Mauchamp

Photogravure : *Payton, Bilbao, Espagne*
Jouve Orléans, Saran, France

Impression : *Néo-Typo, Besançon, France*
Dépôt légal : octobre 2005
Réimpression : mai 2007
Réimpression : *Mame, Tours, France*
juin 2011

Impression de la nouvelle édition :
Imprimerie Lussaud, Fontenay-le-Comte, France
décembre 2014